EXTRAIT DE LA *REVUE DE L'ANJOU*

LES FUSILLADES

DU

CHAMP DES MARTYRS

MÉMOIRE RÉDIGÉ EN 1816

Par M. l'Abbé GRUGET, Curé de La Trinité

PUBLIÉ ET ANNOTÉ PAR

E. QUERUAU-LAMERIE

ANGERS

GERMAIN ET G. GRASSIN, IMPRIMEURS-LIBRAIRES

10, rue du Cornet et rue Saint-Laud

—

1893

LES FUSILLADES

DU

CHAMP DES MARTYRS

MÉMOIRE RÉDIGÉ EN 1816

Par M. l'Abbé GRUGET, Curé de La Trinité

PUBLIÉ ET ANNOTÉ PAR

E. QUERUAU-LAMERIE

ANGERS

GERMAIN ET G. GRASSIN, IMPRIMEURS-LIBRAIRES

40, rue du Cornet et rue Saint-Laud

—

1893

AVERTISSEMENT

Un de nos collaborateurs les plus distingués et les plus
érudits ayant eu le bonheur d'obtenir communication d'une
partie des *Mémoires* de l'ancien curé de la Trinité,
M. Gruget, a bien voulu nous confier le soin de l'annoter.
Nous avons aussitôt songé à rechercher les autres écrits,
relatifs aux événements dont il avait été témoin pendant
la Révolution, laissés par ce vénérable ecclésiastique. A
défaut de ses *Mémoires* complets, dont une partie semble
aujourd'hui égarée, nous avons voulu du moins donner le
*Recueil des faits qui ont eu lieu à l'occasion des
victimes massacrées en haine de Dieu et de la Royauté,
dont les corps ont été déposés au Champ des Martyrs
dans les mois de janvier et de février 1794*, rédigé par
lui en 1816, sur la demande de l'évêque d'Angers,
Mgr Montault-Desisles. M. l'abbé Urseau, secrétaire de
l'Évêché, a bien voulu nous communiquer ce précieux
document, déposé aux archives dont il est le conservateur.
Nous sommes heureux de lui adresser ici l'expression de
notre gratitude pour ses aimables et bienveillantes com-
munications.

M. l'abbé Gruget, né à Beaupréau le 21 janvier 1751,
est mort à Angers le 24 avril 1810. Sa biographie est trop

connue pour qu'il soit besoin de la faire ici. Nous nous bornerons à rappeler que, nommé curé de la Trinité le 26 avril 1784, il avait dû cesser ses fonctions en 1791 par suite de son refus de prêter le serment constitutionnel. Bien résolu à ne pas quitter sa paroisse, M. Gruget resta à Angers pendant toute la Révolution, recevant asile dans diverses maisons, courant chaque jour de nouveaux dangers et recommençant dès le lendemain à s'exposer pour aller porter les secours de la religion à tous ceux qui faisaient appel à son dévouement. Les jours d'exécutions capitales, il se rendait dans une maison dominant la place du Ralliement où était installée la guillotine, et là, caché dans un grenier, il assistait derrière une lucarne à la mort des victimes de la commission Félix, donnant à ces malheureux l'absolution et sa bénédiction. Un honorable avocat d'Angers, M. Phillippe Bellanger, nous a raconté, d'après ses souvenirs de famille, que la maison où se rendait ces jours-là M. le curé Gruget était occupée par sa grand'mère, parente sans doute d'une autre dame Bellanger, habitant la paroisse de la Trinité, chez laquelle ce respectable ecclésiastique se retirait souvent. Cette maison était située au coin de la rue Cordelle et a été récemment démolie pour la construction du nouvel hôtel des postes.

Les *Mémoires* de M. le curé Gruget seront publiés plus tard. Ils constituent un document des plus précieux pour l'histoire de la Révolution à Angers. Ils sont en même temps, ainsi que le *Recueil* reproduit plus loin, des plus exacts. Nous avons pu le constater à chaque page, en contrôlant son récit avec les documents officiels qu'il nous a été donné de consulter. Plusieurs fois nous avons cru surprendre chez l'auteur un défaut de mémoire. Mais nous avons dû reconnaître que c'était lui qui avait raison. Notamment en ce qui concerne plusieurs individus, condamnés à mort par la commission Félix, dont les jugements n'ont pas été transcrits sur les registres de cette commission par suite de la négligence de son secrétaire [1].

Si nous avons cru devoir relever quelques inexactitudes, celles-ci ne portent généralement que sur des détails sans importance ; lorsque, par exemple, M. Gruget cite comme ayant été fusillées à une date des personnes qui n'ont pu l'être que quelques jours plus tard, ou lorsqu'il rapporte des faits qui lui ont été racontés.

M. le curé Gruget fixe à huit le nombre des fusillades qui ont eu lieu au Champ des Martyrs, la première le 12 janvier et la dernière le 10 février 1794. Cela est parfaitement exact, à ce détail près que les 105 individus fusillés le 23 nivôse an II - 12 janvier 1794 avaient été condamnés à mort par jugement de la commission militaire présidée par le citoyen Félix. Une neuvième et dernière fusillade eut encore lieu à l'enclos de la Haie-aux-Bons-Hommes, deux mois plus tard, pour l'exécution de *99 conspirateurs* condamnés à mort par jugement de la commission Félix en date du 26 germinal.

Nous serions bien tenté de dire ici quelques mots sur les fusillades des Ponts-de-Cé et du Champ-des-Martyrs. Même après les remarquables travaux de MM. Godard-Faultrier, Bourcier, Berryat-Saint-Prix, la question n'est pas encore complètement épuisée. Mais cela nous entraînerait trop loin en ce moment. Nous nous réserverons donc de réunir dans un appendice les renseignements que nous avons pu rassembler sur ces fusillades et qu'il eût été également trop long de mettre en notes au-dessous du texte de M. Gruget.

Quelques mots sur la façon dont nous avons compris la présente publication.

[1] Les chemises des dossiers relatifs à ces individus portent bien qu'ils ont été condamnés à mort et on retrouve leurs noms sur la liste des personnes guillotinées dans le mémoire présenté à la Commission Félix, pour en obtenir le règlement, par l'exécuteur des jugements criminels Dupuis.

Notre premier soin a été de reproduire aussi exactement que possible le manuscrit de M. le curé Gruget. L'auteur, plus préoccupé des idées qu'il exprimait que de la forme à donner à celles-ci, a laissé subsister un certain nombre de phrases incorrectes et qui semblent peu françaises. On sent qu'il a écrit son *Recueil* d'un seul jet, presque sans ratures ni corrections, et sans qu'il ait cherché à donner à son style une tournure littéraire. Malgré le désir exprimé par lui à la fin de son manuscrit : « Il serait bon que ce recueil, qui est des plus exacts, fût retouché par une main plus habile et dans l'usage de faire imprimer ses ouvrages », nous avons néanmoins cru devoir respecter son texte, même dans ses incorrections, sentant bien que notre intervention n'eût pu qu'atténuer l'émotion que fait naître la lecture de ce récit empreint de vérité et de consciencieuse exactitude.

Mais il est un autre ordre de corrections que nous avons cru pouvoir nous permettre, notamment en ce qui concerne la ponctuation et les fautes d'orthographe, sans manquer de respect à la mémoire de M. le curé Gruget.

Le manuscrit, d'une petite écriture fine et serrée, ne contient en effet ni points, ni virgules, ni lettres majuscules, ce qui en rend la lecture fatigante. Nous avons donc dû rétablir la ponctuation et mettre des capitales au commencement des phrases et aux noms propres.

Nous nous sommes décidé également à corriger un certain nombre de fautes d'orthographe. Les règles de la grammaire n'étaient pas, en 1816, aussi connues qu'aujourd'hui, surtout des hommes nés au siècle précédent, et il n'est pas surprenant que la plume de M. Gruget ait laissé échapper certains mots, écrits tantôt d'une façon, tantôt d'une autre, pour lesquels nous avons cru devoir adopter la forme la plus rationnelle. Nous avons aussi corrigé quelques fautes d'accord pour les participes. M. Gruget semble avoir incomplètement connu cette fameuse règle d'accord, qui peut-être n'était pas encore bien exactement formulée, mais dont l'oubli nous semblait parfois rendre le texte obscur.

Ajoutons en terminant que toutes les notes rédigées par nous pour accompagner le texte sont extraites, à moins d'indications contraires, des archives de la commission Félix conservées au greffe de la Cour d'appel.

Q. L.

RECUEIL DES FAITS

A L'OCCASION DES VICTIMES MASSACRÉES

EN HAINE DE DIEU ET DE LA ROYAUTÉ

Et dont les corps ont été déposés dans le Champ des Martyrs

dans les mois de janvier et février 1794

———

Vu la commission de Monseigneur l'évêque d'Angers, en date du 25 du mois de mai 1816, adressée à nous, curé de la p⁰⁰ de la Trinité, soussigné, tendant à prendre des informations sur les faits les plus intéressants qui ont eu lieu à l'occasion des personnes qui ont été massacrées de la manière la plus barbare à cause de leur attachement à la religion et à la royauté dans le tems de la Révolution, en 1794 surtout, et dont les corps ont été inhumés dans le champ dit des martyrs, situé dans le bois des Bons-Hommes, p⁰⁰ d'Avrillé, à un tiers de lieue de la ville d'Angers.

Avant d'entrer dans le détail des faits qui ont eu lieu dans ces malheureux tems, il est bon d'observer que j'habitois alors la ville, que j'étois logé dans la maison la plus voisine qu'habitoit le tribunal de sang chargé par le gou-

vernement qui existoit alors de condamner à mort tous
ceux qui étoient fidèles à leur Dieu et à leur roi[1]. Il y
avoit même dans la maison que j'habitois deux soldats
chargés d'exécuter les ordres qui émanoient de ce tribunal
de mort. J'entendois les propos de ces juges et de ces
soldats, et c'est d'après ce que j'entendois que je faisois
des notes de ce qui se passoit. Je les ai heureusement
conservées et elles me serviront, avec ce que j'ai appris
depuis de personnes dignes de foi, pour répondre aux
désirs de Monseigneur l'évêque qui me charge de lui donner des éclaircissements.

Le tribunal, logé à mes côtés, tenoit ses séances dans
l'ancienne église des Jacobins qui sert actuellement d'écu-
rie à la gendarmerie. Il les tenoit aussi dans une des salles
de l'évêché. C'est là qu'il condamnoit à mort tous les
prêtres qui avoient refusé le serment et tous ceux et celles
qui avoient été emprisonnés à cause de leur attachement
à la religion et à la royauté. Ils étoient guillotinés dans le
jour et la sentence emportoit confiscation de leurs biens.
Il n'en étoit pas de même de ceux qui étoient fusillés. Leur
famille pouvoit en hériter, s'ils n'étoient pas compris sur
les listes d'émigrés.

L'instrument fatal de la guillotine étoit placé sur la place
du Ralliement, dans l'endroit où était autrefois le grand
autel de l'église du chapitre de Saint-Pierre. Il fut placé à
la fin du mois d'octobre 1793 et il y resta jusqu'au
15 octobre 1794. Il étoit assez près de moi pour que je
pusse, non seulement le voir, mais encore donner l'absolution à tous ceux qui étoient condamnés à mort. J'entendois les cris ou plutôt les hurlemens qu'on faisoit à chaque
tête qui tomboit, et je voyois les chapeaux qu'on levoit en

---

[1] La première commission militaire d'Angers, créée le 11 juillet 1793
par les Représentants du Peuple, et présidée, depuis le 4 octobre,
par le citoyen Antoine Félix.

l'air aux cris chéris de vive la République en signe d'appro-
bation. J'ai même vu les bourreaux montrer aux spectateurs les têtes de ceux qui étoient immolés.

La municipalité d'alors payoit des âmes viles pour crier
à chaque exécution. Elle cessa de payer quand elle vit
qu'elle pourroit bien y passer à son tour, et c'étoit alors les
juges eux-mêmes, que le bourreau alloit chercher, qui
prenoient leur place et qui applaudissoient à la mort de
ces infortunés[1].

Les corps des victimes étoient mis aussitôt sur un cha-
riot et conduits dans le cimetière, près l'enclos de la Visi-
tation. Il y en a eu environ trois cents, dont j'ai les noms dans
mes notes et la plupart prêtres de ce diocèse. L'église un
jour les honorera comme martyrs, entre autres M. Pinot,
curé du Louroux, qu'on fit monter à l'échafaud habillé
comme pour offrir le saint sacrifice de la messe.

Ce tribunal de mort interrompoit parfois ses séances
pour en faire d'autres bien plus barbares. C'est ainsi qu'il
condamna à être fusillés plus de quinze cents Vendéens
qui avoient posé les armes après la déroute du Mans, sur
la promesse qu'on leur avoit donnée qu'on leur conserve-
roit la vie et qu'ils ne seroient pas inquiétés, et qui furent
quelques jours après conduits sur les bords de la Loire,
près les Ponts-de-Cé, pour y être mis à mort[2].

La prison, le château, les communautés du Bon-Pasteur,
des Pénitentes, des Carmélites et du Calvaire étoient
pleines de respectables personnes attachées à leur Dieu et

---

[1] Les juges de la Commission Félix, ou du moins plusieurs d'entre
eux, assistaient à l'exécution des personnes condamnées à mort et
en dressaient un procès-verbal transcrit sur le registre des jugements
et signé par eux.

[2] Nous n'avons pu trouver de pièces relatives à cette fusillade, ou
plutôt à ces fusillades, car il y en eut, croyons-nous, plusieurs. Toutefois ces exécutions ne semblent pas pouvoir être reprochées à la
Commission Félix encore absente d'Angers quand on commença à
fusiller aux Ponts-de-Cé.

à leur roi : on les avoit amenées de tous les pays, mais surtout de la Vendée, il falloit les nourrir ou les faire périr de faim. Il y avoit des malades parmi. On craignoit la contagion, comme il arriva en effet, à l'Hôtel-Dieu et au Ronceray dont on avoit fait un hôpital. Pour éviter la famine que le grand nombre de prisonniers de tout sexe et de toute condition auroit pu occasionner, et pour arrêter la contagion qui déjà commençoit à se faire sentir, on inventa un expédient, ce fut de les faire périr tous sans aucun jugement. Cet expédient proposé fut de suite accepté.

Ce fut alors qu'on choisit un lieu écarté, au milieu des bois, pour tous les prisonniers de la prison et des communautés de la p⁵ᵉ de la Trinité. Le cimetière n'eût pas été suffisant pour contenir tant de victimes. On eût craint d'infecter l'air et d'occasionner des maladies.

On avoit demandé le serment aux respectables sœurs de Saint-Vincent, chargées de l'hôpital Saint-Jean. Pour les déterminer à le prêter, on avoit employé tour à tour les promesses et les menaces : toutes, à l'exception de trois, le refusèrent constamment. Parmi ces respectables sœurs, il y en avoit deux qu'on avoit à cœur de gagner. Elles jouissaient d'une excellente réputation et tenoient une conduite digne des sœurs de Saint-Vincent. Nos corps administratifs ne l'ignoroient pas. C'étoient la sœur Marianne et la sœur Odille. Ils firent auprès d'elles différentes démarches pour les engager à prêter le serment et toujours sans rien obtenir. Ils résolurent de les séparer des autres et surtout de leur supérieure qu'ils avoient à cœur d'entraîner dans leur parti. Ils pensoient qu'en les séparant ce seroit un moyen sûr de les gagner toutes, les unes après les autres. Ils conduisirent donc Mᵐᵉ la supérieure dans la maison des Pénitentes [1] et les bonnes sœurs

[1] Antoinette Taillade, âgée de 51 ans, née à Saint-Laurent-de-Cahors, en Querey, supérieure de l'Hôtel-Dieu d'Angers, subit un premier interrogatoire à la prison des Pénitentes le 11 pluviôse an II,

Marianne Vailliau et Odille Bongard dans celle du Bon-Pasteur. On choisit ces deux maisons par préférence aux autres, parce que plusieurs sœurs de ces maisons avoient eu la faiblesse de se rendre à leurs désirs. Mais elles ne tardèrent pas à reconnaître leur erreur et à se repentir de leur faute. On tourmenta la supérieure des sœurs de Saint-Vincent. On lui faisoit entrevoir les malheurs où elle alloit s'exposer en ne prêtant pas le serment. On lui citoit l'exemple de celles de la maison qu'elle habitoit pour l'y déterminer. Toutes les promesses et les menaces ne faisoient aucune impression sur son esprit. Elle demeura toujours ferme dans sa foi et rien ne fut capable de l'ébranler. On se donna bien garde de la condamner à la mort, parce qu'on savoit que les trois sœurs qui avoient succombé avoient menacé de se rétracter si on attentoit à la vie de leur supérieure qui étoit très aimée de sa communauté.

On ne garda pas les mêmes ménagements pour les bonnes sœurs Marianne et Odille qu'on retenoit au Bon-Pasteur. Croyant que l'exemple de quelques sœurs de cette maison qui avoient eu la faiblesse de prêter le serment et qui, à l'exemple de celles des Pénitentes, ne tardèrent pas à reconnoître leur faute, croyant, dis-je, que leur exemple pourroit les déterminer à faire le serment, on se décida à les conduire au Bon-Pasteur. Mais voyant que les promesses, les menaces et l'exemple de celles-ci ne servaient à rien, ils se décidèrent à les faire périr, pensant par là faire impression sur la supérieure et sur les autres qui avoient jusqu'à ce moment persisté à le refuser. La maison du Bon-Pasteur étoit remplie alors de personnes à qui on n'avoit d'autre reproche à faire que d'être infiniment attachées à la religion et à la royauté et il n'en falloit pas davantage pour mériter la haine de nos républicains.

(Elle dit être arrêtée depuis quinze jours) et un second le 19 germinal à la même prison. Elle fut condamnée à la déportation le 3 floréal suivant.

Le dimanche 12 janvier 1794 [1], 300 personnes, tant des insurgés que de ceux qui leur avoient donné l'hospitalité et qu'on avoit jetées dans les prisons d'Angers, avoient été conduites aux Ponts-de-Cé et massacrées impitoyablement. Cent autres furent conduites dans le champ des martyrs, sans jugement ni interrogation préalable [2]. On eût passé trop de temps à les interroger. On se contentoit seulement

[1] 23 nivôse an II.

[2] M. le curé Gruget a été trahi par sa mémoire. Les 105 prisonniers fusillés le 23 nivôse an II au Champ des Martyrs avaient été condamnés par jugement de la Commission militaire en date de ce jour. C'était des paysans vendéens, inculpés d'avoir eu des intelligences avec les brigands de la Vendée, d'avoir suivi leurs rassemblements contre-révolutionnaires, d'avoir été pris les armes à la main et d'être complices « des massacres que les brigands de la « Vendée commettent journellement envers les vieillards, femmes et « enfants patriotes, et qui ne peuvent permettre d'espérer que la « paix et la tranquillité se rétablissent dans les contrées que ces « mêmes brigands parcourent qu'après leur destruction totale ». La liste des condamnés ne contient aucun nom de femme. La sœur de M. le curé Gruget n'a donc pu être fusillée ce jour-là.

À la suite du jugement du 23 nivôse est transcrit le procès-verbal de l'exécution des condamnés, signé de deux des membres de la Commission militaire, Laporte et Roussel, et du greffier Loisillon. Il porte que cette exécution a eu lieu sur la place du Ralliement, ce qui est démenti par la pièce suivante.

Le 22 nivôse, veille du jugement, le Comité révolutionnaire d'Angers désignait deux de ses membres pour assister à l'exécution de personnes non encore condamnées.

« 22 nivôse, l'an deux de la République une et indivisible.

« Les membres du Comité de surveillance révolutionnaire établi à Angers par les représentants du peuple.

« En vertu de la réquisition de la Commission révolutionnaire, en date de ce jour, aux fins d'avoir deux membres du Comité pour assister à l'exécution des brigands qui doit avoir lieu demain, en conséquence du jugement de la Commission militaire.

« Le Comité nomme les citoyens Girard-Réthureau et Brémaud, deux de ses collègues, pour, d'accord avec les membres de la Commission nommés à cet effet, s'occuper non seulement de la sûreté de la conduite desdits brigands jusqu'au clos du domaine de la Haie-aux-bons-Hommes, lieu où ils doivent être exécutés, mais encore de surveiller leur inhumation et à ce qu'elle soit faite de manière à éviter à la commune d'Angers les dangers du mauvais air qui pourrait en résulter.

(Signé) « Obrunier, président; Marat-Boussac; Baudron. »

On s'était donc entendu dès la veille pour préparer l'exécution de ces 105 prisonniers, avant qu'ils n'eussent été jugés. Et il est à croire aussi que le jugement et le procès-verbal constatant que l'exécution a eu lieu « sur la place du Ralliement, sur les quatre heures de relevée », avaient été transcrits sur le registre de la Commission avant que le lieu de l'exécution eut été fixé.

de leur demander leurs noms, leur âge, leur état et le lieu
de leur demeure et sans rien dire de ce qu'on se proposoit de leur faire, on les conduisoit au lieu de leur supplice
attachées deux à deux. On jetoit dans des chariots ceux
qui étoient hors d'état de marcher. Arrivés au champ des
martyrs, on les conduisoit sur les bords des fosses où ils
devoient être ensevelis. Ils demandoient quelques minutes
pour faire à Dieu le sacrifice de leur vie, qu'ils faisoient
avec tant de ferveur que leurs bourreaux eux-mêmes en
étoient étonnés. Il arrivoit souvent qu'ils ne tomboient
pas au coup, alors les tigres, avec leurs sabres, les cou-
poient et les hachoient par morceaux. Il ne m'a pas été
possible de me procurer les noms de ces respectables
victimes. Ils n'en sont pas moins écrits dans le livre de vie.
J'ai tout lieu de croire que c'est dans cette journée que j'ai
perdu ma sœur aînée, Jeanne Gruget, veuve d'Étienne
Doly, native et domiciliée de la ville de Beaupréau [1]. Dès
les commencemens du schisme elle avoit montré son
opposition en refusant de reconnoître le trop fameux
Coquille [2] qui y avoit été nommé curé constitutionnel et
qu'elle ne suivit jamais. Elle étoit encore coupable d'un
grand crime que nos républicains ne pouvoient pas lui
pardonner, elle étoit belle-mère du feu M. Cady qui servoit
avec son frère dans la guerre de la Vendée. On m'a assuré
qu'elle s'étoit recommandée aux prières de mes paroissiens
lorsqu'on la conduisoit, attachée avec une de ses parentes,
nommée Lemay [3], au champ des martyrs et qu'elle leur
dit qu'elle étoit la sœur de leur curé.

[1] Jeanne Gruget, veuve Doly, était encore à la prison nationale le
3 pluviôse. Elle dut être comprise seulement dans la fusillade du
1er février.

[2] Coquille d'Alleuds Jacques-Antoine, récollet du couvent de Beaufort, curé constitutionnel de Beaupréau où il se maria. Mort à
Angers en 1805.

[3] Sans doute Jeanne Lemay, femme Camoin, âgée de 40 ans,
d'Angers, désignée comme espionne du Comité des brigands, interrogée à la prison nationale (n° 35) le 3 pluviôse, en même temps

Le tribunal révolutionnaire fut quelque jours sans ordonner de fusillades, mais comme il ne pouvoit pas rester sans rien faire, il condamna quelques prêtres à la guillotine pour se désennuyer et passer le tems. C'étoit dans les jours qu'il avoit fait conduire à Nantes une soixantaine de prêtres pour être noyés dans les bateaux à soupapes[1]. On ne se donna pas la peine de les conduire tous à Nantes. Plusieurs d'entre eux furent noyés près la Baumette. Un des juges de ce tribunal de sang[2], chargé de cette barbare exécution, a été trouvé, il y a peu d'années, noyé, à peu près où ces respectables prêtres avoient été noyés, et, pour ne pas manquer son coup, il avoit rempli ses poches de pierres. Ce même, à son retour de Nantes, disoit à un respectable domestique de M. de Campagnole, où étoit le tribunal révolutionnaire[3] : « Vos bons prêtres, lui disoit-il, ont été baiser les pieds du saint Père. » J'étois assez près de lui alors pour entendre cet horrible propos. La providence a permis qu'il se soit lui-même condamné à la même peine qu'il avoit fait subir à ces saints et respectables prêtres[4]. On sait tout ce qu'ils ont eu à souffrir de la part de leurs bourreaux depuis Angers jusqu'à Nantes et pendant surtout leur séjour à Nantes et dans les bateaux qu'on avoit disposés à leur supplice.

que Jeanne Gruget, veuve Doly. Son mari, huissier à Chalonnes, avait été guillotiné à Angers le 3 brumaire précédent, 21 octobre 1793.

[1] Les cinquante-huit prêtres transférés à Nantes et noyés dans la Loire (à l'exception de six qui avaient été jetés à l'eau à la Baumette), étaient partis d'Angers le 29 novembre 1793 et non au mois de janvier 1791.

[2] Goupil fils, alors membre du Comité révolutionnaire d'Angers. Il ne fut attaché que plus tard à la Commission militaire.

[3] L'hôtel de M. de Campagnolle avait été sans doute attribué à la Commission militaire pour servir de logement à ses membres pendant leurs séjours à Angers.

[4] Suivant M. Port, qui se trompe sans doute, c'est en 1821 seulement que Goupil aurait été trouvé noyé à la Baumette. *Dictionnaire de Maine-et-Loire*, t. II, p. 283.

Tandis qu'on s'occupoit à faire périr les prêtres, on songeoit et on méditoit un nouveau massacre. Le mardy 14 janvier 1794, au soir, nos tigres furent marquer les victimes qu'ils destinoient à être massacrées le lendemain. Trois cents furent désignées. Il y avoit à peu près autant d'hommes que de femmes, qu'on avoit pris tant dans les prisons royales qu'au château et dans les communautés du Calvaire, des Pénitentes et du Bon-Pasteur. Ce fut le mercredy matin, 15 janvier, qu'on fut les prendre chacun dans leur prison et, après les avoir attachés deux à deux, on les conduisit dans les bois des Bons-hommes, c'est-à-dire le champ dit des martyrs, pour y être massacrés comme ceux qui les avoient précédés [1].

Ce fut probablement dans ce jour que le membre du tribunal qui avoit présidé aux noyades des prêtres dont nous avons déjà parlé et qui figuroit toujours à tous les massacres, rencontra, près l'église de la Trinité, une de ses parentes Mlle Marie Rougon, laquelle, jetant les yeux derrière elle et apercevant cette multitude de victimes qu'on conduisoit à la mort, fit un pas en arrière et frémit d'horreur en voyant ce spectacle : « Prends bien garde à « ce que tu fais, Nanette, lui dit l'antropophage d'un ton « furieux et qui ne respiroit que le sang, car quoique tu « sois ma parente, je t'en ferois autant. » Il les conduisoit au Champ des Martyrs, le sabre sous son bras, et il s'en servoit pour achever les pauvres victimes à qui il restoit encore un peu de vie après la fusillade.

La plupart des victimes qui périrent dans cette journée étoient des dames, des demoiselles de la plus grande condition. Elles s'étoient surtout distinguées par leur attachement au trône et à l'autel. Elles s'exhortoient les unes et

[1] 26 nivôse an II. Il n'existe aucune pièce relative à cette fusillade. Il est probable que les victimes exécutées ce jour-là étaient des paysans vendéens arrêtés dans les environs d'Angers, après le siège, et mis à mort sans avoir été interrogés ni jugés. V. appendice I.

les autres à souffrir patiemment les tourments qu'on leur
faisoit souffrir et étonnoient même les bourreaux par leur
fermeté et leur soumission à la volonté du Seigneur pour
qui elles souffroient.

De ce nombre étoient dame Louise-Olympe Rallier,
veuve de M. René Émery Déan de Luigné, qui avoit été
prise dans son château près Château-Gontier[1] avec trois
de mesdemoiselles ses filles. D'abord conduites dans les
prisons de Château-Gontier et ensuite dans la maison du
Calvaire d'Angers pour avoir donné l'hospitalité à deux
pauvres prêtres, M. le curé de Saint-Michel deffunt[2] et
M. le Doyen, vicaire de la p^{me} de Contigné. Les habitans
d'une paroisse voisine de son château[3], soupçonnant qu'elle
avoit des prêtres cachés dans son château pour lui dire la
messe, ainsi qu'à ses demoiselles qui avoient toutes la
réputation d'être aussi pieuses que charitables, s'y transportèrent pour y visiter le château. M. le curé de Saint-
Michel deffunt trouva le moyen d'échapper à leur recherche.
Il n'en fut pas de même de M. le Doyen, vicaire de Contigné.
Ayant voulu s'évader, les gardes nationaux ne voulant pas
laisser échapper une si belle occasion de faire connoître
leur patriotisme, coururent après, et, l'ayant saisi, ils
l'emmenèrent bien triomphants dans les prisons d'Angers,
et le livrèrent au tribunal révolutionnaire qui le condamna à
la guillotine quelques jours après[4].

Mme Déan, convaincue d'avoir donné l'hospitalité à deux
malheureux prêtres, ne pouvoit pas échapper à la mort.
Mlle sa fille, l'aînée, aussi pieuse qu'elle, et par conséquent
aussi coupable, partagea son sort. Les deux autres eussent
subi la même peine si elles eussent été bien portantes[5]. La

[1] Château de la Bossivière, commune d'Argenton.

[2] Ou plutôt Saint-Michel-de-Feins, paroisse voisine de celle d'Argenton.

[3] Saint-Laurent-des-Mortiers.

[4] Le 2 germinal an II, 22 mars 1794.

[5] Madame Déan de Luigné et ses trois filles sont interrogées à la
prison du Calvaire le 6 pluviôse, 25 janvier 1794, par Morin et Ruffey

providence les réserva pour être l'édification de la p^sse de la Trinité. Mlle Déan de la Baumerie, d'une santé faible et délicate, étoit alors occupée à soigner sa respectable sœur qui avoit la petite vérolle. Elles ne purent se présenter devant le tribunal qui les demanda. Il n'y eut que leur respectable mère et leur digne sœur aînée qui furent condamnées à la mort, avec une quantité d'autres à qui on n'avoit pas d'autre reproche à faire que d'avoir été toujours fidèles à Dieu et à la religion et qui montrèrent le plus grand courage jusqu'à la fin. Mlles de Luigné ne se consolèrent de la mort de Mme leur mère et de leur respectable sœur que dans l'espérance de les suivre de près et de partager leur couronne. Elles s'attendoient bien que leur tour viendroit et qu'on ne leur feroit aucune grâce. Dieu se contenta de leurs sacrifices. La persécution finie, elles résolurent de ne pas retourner dans leur pays qui n'étoit pas digne d'elles. Elles se fixèrent dans la p^sse de la Trinité pour y faire de bonnes œuvres. Elles voulurent bien y être demoiselles de charité. L'aînée, après avoir fait toute sorte de bonnes œuvres, est décédée le 28 février 1816, avec le désir de les perpétuer après sa mort. Elle est décédée en dictant son testament, par lequel elle fondoit une école gratuite pour les pauvres petites filles de la Trinité. Si le testament n'a pas eu lieu, parce qu'elle est morte avant de le terminer, elle a eu devant Dieu le mérite de la bonne

(n°s 8 à 11). Leurs noms ont été marqués d'un G qui les réservait pour la guillotine. Mais les commissaires recenseurs se sont ravisés. Les G placés devant les noms de Mme de Luigné et de sa fille aînée ont été barrés et remplacés par deux F. Ces dames furent donc fusillées au Champ des Martyrs, non pas le 15 janvier - 26 nivôse, comme le croit M. l'abbé Gruget, mais seulement le 13 pluviôse - 1er février. Les G placés devant les deux autres demoiselles Déan ont été maintenus. Celles-ci demeurèrent donc en prison attendant leur jugement. Le 16 pluviôse, elles sont interrogées de nouveau par Goupil, Obrumier et Roussel (n°s 64 et 65). Aucun signe n'est placé cette fois en face de leurs noms et les commissaires constatent qu'elles sont réclamées par les autorités de Château-Gontier. Enfin, le 11 germinal, Obrumier, Lepetit, Goupil et Legendre les interrogent pour la troisième fois et les déclarent bonnes pour la guillotine. Mais leur jugement se trouva retardé et la Commission militaire fut dissoute, le 20 floréal, avant d'avoir statué sur leur sort.

volonté. Elle est morte comme elle a toujours vécu, c'est-à-dire en sainte. Mlle sa sœur, qui partage ses sentiments de piété, a épousé, il y a six ans, M. de la Chapelle, chevalier de Saint-Louis, qui, bien loin de la gêner dans ses bonnes œuvres, l'encourage à les continuer.

Le tribunal révolutionnaire, pour ne pas demeurer oisif les deux jours suivans, condamna cinq personnes à la guillotine, quatre laïcs accusés d'avoir eu des intelligences avec les Vendéens, et un prêtre, nommé Pierre Petiteau, de la p^sse de Varades, diocèse de Nantes, et vicaire de la p^sse d'Aubernay près Châteaubriant[1].

Le vendredy soir, 17 janvier 1794, il se transporta dans les prisons et communautés de la Trinité qui tenoient lieu de prisons pour désigner les victimes qui devoient être massacrées le lendemain.

En effet, le samedy matin, 18 janvier 1794, deux cent cinquante personnes, tant dans les prisons que dans les communautés du Calvaire et du Bon-Pasteur, furent prises et attachées deux à deux et conduites audit champ des martyrs pour y être fusillées, ou plutôt massacrées. Je dis massacrées, car il arrivoit souvent que toutes ne tomboient pas au coup. Plusieurs mêmes n'étoient pas frappées à mort. Les unes avoient un bras cassé, d'autres un autre membre. Pour les finir on tomboit sur les infortunées victimes à coups de sabres et de bayonnettes pour les ache-

___

[1] Le registre des jugements de la Commission militaire mentionne seulement deux condamnations à mort prononcées le 28 nivôse, le même jour que celle de M. Petiteau. Elles concernent MM. Aubey, François, né à Condé-sur-Noireau, caissier aux Mines de Montrelais et Misset Etienne, né à Sedan, inspecteur général des mines de France et directeur de celles de Montrelais, dans lesquelles avait été arrêté M. Petiteau. Nous n'avons pas retrouvé les noms des deux autres condamnés.
Le 27 nivôse il y avait eu une seule condamnation à mort rendue contre Garnier, Joseph, tisserand, né à Angers. Le second accusé de ce jour, Misse, Jean, né à Angers, remonteur de métiers à bas, inculpé de désertion, avait été acquitté.

ver. Il arrivoit souvent même qu'on les précipitoit dans la fosse encore vivantes [1].

Parmi les victimes qu'on massacroit, il y avoit environ quatre-vingt femmes, de différens endroits, mais toutes pour avoir donné des marques d'attachement au roi et à la religion. Il y avoit des vieillards et des infirmes qui n'a-voient pas la force de suivre leurs compagnons au lieu du martyre. On y suppléoit en les jetant dans des chariots que nos tigres avoient avec eux pour rapporter les habille-mens des malheureuses victimes.

Le lendemain 19 janvier [2] étoit le décadi, jour de fête pour nos républicains. Ils renouvelèrent celle qu'ils avoient célébrée le 31 décembre précédent. Il y eut encore ce jour-là une procession solennelle, où une comédienne, repré-sentant la déesse de la Liberté, fut promenée en triomphe, et, comme à la fête précédente, on la termina par brûler les livres et les ornemens d'église qu'on put trouver, au milieu des blasphèmes et des imprécations qu'on vomissoit contre Dieu et contre la religion. On avoit bien eu soin de faire imprimer des chansons analogues à la fête et remplies d'impiétés qu'on distribuoit à tous les assistans qui avoient été forcés à s'y trouver sous peine d'être regardés comme suspects et traités de même. Il y eut aussi des danses pen-dant la nuit, où tout le monde étoit invité, et il n'y avoit à s'y trouver que les personnes amies de la Constitution, c'est-à-dire des massacres qu'elle occasionnoit [3]. Tous les plaisirs et les divertissemens n'étoient pas capables de

---

[1] Il n'existe aucun document relatif à cette fusillade du 29 nivôse. V. cependant à l'Appendice nos observations sur les interrogatoires sans dates et sans signatures conservés au greffe de la Cour d'appel.

[2] 30 nivôse.

[3] Les détails donnés ici par M. Gruget se rapportent à la fête célébrée le 20 pluviôse an II pour la plantation d'un nouvel arbre de la Liberté, en remplacement de celui qui avait été coupé par les Ven-déens au mois de juin 1793. Les rigueurs de l'hiver avaient fait reculer cette fête, fixée d'abord au mois de nivôse, ce qui explique comment les souvenirs de M. l'abbé Gruget ont pu le tromper.

contenter nos hommes avides de sang. Ils méditoient la mort d'une infinité de vénérables personnes.

En effet, le lendemain, 20 janvier 1794, sept respectables personnes furent conduites à leur tribunal de sang et condamnées à mort ; et dès le soir elles furent exécutées aux cris chéris de vive la République et toujours en présence des juges du tribunal révolutionnaire qui donnoient le ton et qui étoient continués par les spectateurs et surtout par des gens payés par la municipalité. Ces gens à gage ne cessèrent de crier que quand on cessa de les payer, et ils cessèrent d'être payés quand la municipalité vit qu'on n'épargnoit pas plus ses membres que les autres.

Ces sept respectables personnes qui furent guillotinées étoient : M. Charles Henry des Glaireaux, chevalier de Saint-Louis, de la ville d'Angers ; M. Étienne Robert Girault de la Porte, aussi chevalier de Saint-Louis, de la paroisse de Tiercé, en ce diocèse [1] ; M. Charles Menin Gault, natif de la p^{sse} de Nueil, près les Aubiers, diocèse de la Rochelle ; M. François Chambeau, charon, de Cholet ; D^{lle} Geneviève Bouchet, fille, ma parente, âgée d'environ vingt-quatre ans, de Notre-Dame de Beaupréau, M. son père étoit chirurgien. Elle avoit beaucoup de goût pour soulager les malades. Elle avoit employé tous ses soins à soigner les prisonniers que l'armée catholique et royale avoit faits sur les républicains et qui avoient été détenus au collège de Beaupréau. Elle en avoit même délivré plusieurs qui s'étoient rendus chez eux à Angers et qui convenoient qu'ils lui étoient redevables de la vie. On fut frappé de son courage quand on la vit monter à l'échafaud avec un air gai et content qui annonçoit la paix de sa belle âme. Elle étoit

---

[1] M. des Glaireaux et M. Girault de la Porte furent condamnés à mort en effet le 1er pluviôse, mais par le tribunal criminel de département, et non par la Commission militaire. Ils durent être exécutés en même temps que les autres individus condamnés par la Commission Félix.

d'ailleurs bien faite. Nos bourreaux eux-mêmes en étoient dans l'admiration. Mais elle étoit attachée à son Dieu et à son roi. Il n'en falloit pas davantage pour la rendre infiniment coupable à leurs yeux. Je n'ai pas pu me procurer les noms des deux autres[1]. Ils n'étoient pas plus coupables que les cinq qui avoient été condamnés à mort.

Cette exécution n'étoit rien pour eux. Le lundy matin, 20 janvier, ils en avoient conduit environ quatre cent huit personnes, savoir : cent huit hommes et environ trois cents femmes, au champ dit des martyrs et les avoient massacrés impitoyablement comme les autres. Ils avoient été pris tant dans les prisons royales qu'au château et dans les communautés du Calvaire, des Pénitentes et du Bon-Pasteur[2].

Le mardi 21 janvier 1794, jour de l'anniversaire de notre bon roi Louis XVI, fut remarquable par de nouveaux massacres. Cent cinquante personnes, savoir : soixante-dix hommes et quatre-vingt femmes, qu'on avoit pris tant dans les prisons qu'au château et dans les communautés du Calvaire, des Pénitentes et du Bon-Pasteur, furent conduites au champ dit des martyrs et y furent massacrées comme les précédentes[3]. Et, pour ne point perdre de tems, on fit mourir l'après-midi sur l'échafaud deux personnes, savoir : dame Marie-Suzanne-Radégonde-Charlotte Marsault, veuve le Clerc, baronne de Vezins, près Chollet et

[1] Pierre Bonneau, marchand de fers, et Pierre Gasté, ci-devant frère récollet de Nantes, actuellement marchand de fil au Plessis-Grammoire.

[2] Le 30 nivôse et le 1er pluviôse les commissaires recenseurs ont marqué pour la fusillade cent quatre-vingt-quatre hommes sur deux cent-cinquante détenus à la prison nationale. Mais plusieurs F ont été barrés ensuite. Ces individus sont évidemment les mêmes qui furent fusillés les 1er et 2 pluviôse, 20 et 21 janvier 1794, au nombre de cent soixante-dix-huit comme le dit M. Gruget. Il n'existe pas d'interrogatoires relatifs aux femmes comprises dans les mêmes fusillades.

[3] 2 pluviôse an II.

dame dudit lieu, et d^{lle} Louise-Mathurine Baranger, sa femme de chambre, native de la p^{sse} de Vezins, dont le crime étoit d'être attachées au roi et à la religion.

Le soir même de ces massacres, nos tigres, qui ne pouvoient se désaltérer du sang des honnêtes gens, se transportèrent au Calvaire pour désigner les victimes qui devoient être massacrées le lendemain. Ils en désignèrent quatre-vingt-huit. Le lendemain mercredy matin, 22 janvier, ils ne manquèrent pas d'aller les prendre et de les conduire au champ dit des martyrs, où elles furent massacrées impitoyablement comme celles qui les avoient précédées.

On prétend que M. le maire avoit été la veille les rassurer en leur disant qu'on avoit écrit à la Convention pour demander leur grâce ; mais c'étoit sans doute pour les tranquilliser, pour qu'elles passassent la nuit plus tranquillement.

Le jeudy 23 janvier, il n'y eut pas de massacres, personne même ce jour-là ne fut guillotiné. Nos tigres n'en étoient pas pour cela desaltérés de sang. Le lendemain, 24 janvier, ils se réunirent et en condamnèrent six à la mort qui furent exécutés le soir. Je n'ai pu me procurer les noms de ces respectables victimes [1]. Il n'y eut pas de massacres dans le champ dit des martyrs jusqu'au 1er février suivant. Pour ne pas rester sans rien faire ils se bornèrent à guillotiner.

Le samedi 25 janvier, ils en condamnèrent deux à la

---

[1] François Martin, dit le Breton, maréchal à la Guibertière, près Mortagne ; Joseph Goubeau, dit le Blond, tisserand et barbier à la Séguinière, près Cholet ; Joseph Roger, né à Torfou et aubergiste à Tiffauges ; Pierre Rullier, aubergiste à Cholet ; Marie Poirier, femme Dabin, native de Cholet ; plus un sixième, Pierre Baranger, de Cholet, dont le nom se trouve dans le dispositif du jugement seulement, mais qui n'en fut pas moins condamné à mort avec les autres.

mort, qui furent exécutés le même jour. Je n'ai pu me procurer leurs noms [1].

Le dimanche 26 janvier, ils en condamnèrent six autres qui furent exécutés le soir même, c'est-à-dire après leur dîner. Ils en étoient ordinairement à leur café, lorsque le bourreau alloit les chercher pour assister à l'exécution de leur infâme jugement et revenoient bien vite prendre la liqueur et boire à la santé de la République.

Ces six respectables victimes qui furent exécutées ce jour-là étoient : D[lle] Marie Dutréan [2], fille, de la paroisse de Mortagne, près Cholet ; d[lle] Armande Dutréan, sa sœur, fille, aussi de la p[sse] de Mortagne, près Cholet, toutes deux recommandables par leur attachement à Dieu et au roi et par les bonnes œuvres qu'elles faisoient dans le pays ; d[lle] Marie-Jeanne Thibault la Pinière, native de la ville d'Angers ; dame Marie de la Dive, veuve Verdier de la Sorinière, de la p[sse] Saint-Crespin, près Chollet, d'une famille infiniment respectable ; M. Huau de la Bernarderie, curé de Craon, près Château-Gontier, natif du Ménil près Saint-Florent-le-Vieux, âgé d'environ cinquante ans, curé infiniment respectable et très rempli de l'esprit de son état. Il n'eut pas la force d'aller à la guillotine. On l'y transporta sur un brancard. Il y en eut encore un autre dont il ne m'a pas été possible de me procurer les noms [3].

Le lundy 27 janvier, cinq personnes furent ensuite conduites devant le tribunal révolutionnaire, condamnées à mort et exécutées le même jour. C'était de onze à midi que le tribunal tenoit ses séances qui duroient au plus une demi-heure. Je le voyois s'en revenir au coup de midy dans

[1] Charles Hernault de Montiron et Mme Mélanie Louet, femme de Antoine-Hercule le Hainault de Saint Sauveur, ci-devant nobles.

[2] Ou plutôt du Tréhan.

[3] Joseph Niveleau, natif de Montfaucon, chirurgien aux Ponts-de-Cé, âgé de 30 ans.

la maison qu'il habitoit, et il ne sortoit jamais avant onze heures, à moins qu'il ne fût question d'aller dans les prisons ou dans les communautés. Les personnes condamnées ce jour-là à mort et exécutées le soir furent : dame Charlotte Dutréan, veuve de M. de Chabot de la p⁵ᵉ de Mortagne, sœur des autres exécutées la veille ; d⁽ˡᵉ⁾ Beninne de Bessé, fille, de la p⁵ˢᵉ de Saint-Martin-de-Lars en Poitou ; d⁽ˡᵉ⁾ Duverdier, de la ville de Chemillé, en ce diocèse, toutes trois d'une famille respectable et de condition ; d⁽ˡᵉ⁾ Marie Humeau, native de la Salle-de-Vihiers et demeurant aux Gardes, près Chemillé, et M. René Bellanger, m⁽ᵈ⁾ mercier, natif de la p⁵ˢᵉ de Brou, près la Flèche, diocèse d'Angers.

Le mardy 28 janvier, six autres furent encore conduits devant le tribunal révolutionnaire, condamnés à mort et exécutés le même jour, savoir : François Rethoré, tonnellier ; Pierre Frouin, m⁽ᵈ⁾ de fil ; Jacques Frouin, tailleur d'habits, maire de Saint-Lambert-du-Lattay ; Thomas Guilloteau, aussi tailleur d'habits ; Jean Edin, tonnellier et Urbain Cohuau, tailleur de pierres, tous les six de la p⁵ˢᵉ de Saint-Lambert-du-Lattay et connus pour leur probité et leur attachement à la religion de leurs pères[1].

Le mercredy 29 janvier était un jour de décade[2], nos juges, ou plutôt nos tigres, se reposèrent ce jour-là, sans perdre cependant de vue qu'ils avoient encore du sang à répandre, car ils ne pouvoient *sans se* désaltérer.

Le jeudy 30 janvier il n'y eut point encore de jugement de mort, mais ils l'employèrent à aller dans les prisons et

[1] Le jugement rendu contre ces six individus n'a pas été transcrit à sa date sur le registre des jugements de la Commission Félix. Mais la chemise du dossier contenant les interrogatoires des accusés porte bien qu'ils ont été condamnés à mort ledit jour et par suite exécutés. On retrouve en effet leurs noms sur le mémoire présenté à la Commission par l'exécuteur des jugements criminels Dupuis.

[2] 10 pluviôse.

les communautés visiter les victimes et désigner celles qu'ils devoient égorger. C'étoit pour eux véritable délassement.

Le vendredy 31 janvier, pour ne pas perdre l'habitude de verser le sang, ils en firent venir deux à leur tribunal de mort, savoir :

M. Jean-Baptiste Desmarres, noble colon, d'Estimanville, natif de Pont-l'Évêque en Normandie, adjudant-général de la 1re division de l'armée de Niort et commandant de l'armée de Bressuire. Ils l'accusèrent d'avoir trahi la République, parce que ses troupes avoient été battues par l'armée catholique et royale. C'en étoit assez pour mériter la mort. Aussi fut-il condamné et exécuté le soir même.

M. Joseph Morna, juge des traites et gabelles, demeurant à Angers. M. son fils avoit été massacré le 27 décembre dernier pour avoir passé dans l'armée catholique et royale. Le père, qui partageoit ses sentiments et qui avoit la réputation d'être très attaché à Dieu et à son roi ne pouvoit pas s'attendre à être mieux traité que son fils [1].

On me permettra, je l'espère, de ne pas me borner à ce qui a seulement rapport aux massacres qui ont eu lieu au champ dit des martyrs. C'étoit même là la seule commission que m'avoit donné notre digne et vertueux prélat Mais comme tous les jugemens de mort émanoient du même tribunal de sang, et que la cause qui les faisoit porter étoit la même, c'est-à-dire leur haine au trône et à l'autel, j'ai cru que c'étoit le moyen de faire connoître l'esprit qui les animoit, j'ai pensé aussi que ceux qui sont attachés au roi et à la religion seroient bien aises de connoître ceux qui étoient morts en haine de l'un et de l'autre. J'ai pensé encore que les familles seroient bien aises de trouver les noms de ceux

[1] D'après le registre des jugements de la Commission militaire, Desmarres avoit été condamné à mort le 11 pluviôse, 30 janvier 1794. M. Morna fut condamné seulement le lendemain 12 pluviôse. Tous les deux furent exécutés ledit jour.

qui leur appartenoient dans le nombre des personnes qui ont montré leur attachement à la religion qu'ils professent, et un motif pour les encourager à suivre leur exemple, et que les uns et les autres, pour ranimer et s'encourager à demeurer fermes dans la foi de leurs parens, pourroient se dire à eux-mêmes ce que se disoit saint Augustin : *Nunquid potero quod isti et istæ?* Est-ce que je ne pourrois donc pas faire ce qu'ont fait mes parens, mes amis? Ils n'ont pas craint de donner leur vie, de répandre leur sang pour la religion sainte que je professe. Ils n'ont pas cru trop faire pour mériter le bonheur dont je suis persuadé qu'ils jouissent. Pourquoi ne les imiterais-je pas aussi moi-même. Voilà ce qui m'a engagé à entrer dans un plus grand détail, et j'ose me flatter que l'on m'en saura gré. Je regrette même de n'y avoir pas songé plus tôt, mais j'espère pouvoir y revenir. On y verroit des personnes qui ont montré le plus grand courage et dignes des martyrs des premiers siècles que l'église se fait un devoir d'honorer.

Je reviens à la journée du samedy 1er février, qui fut bien glorieuse à Dieu et au roi, parce que c'est l'attachement à l'un et à l'autre qui a été cause de la mort des respectables personnes qui moururent ce jour-là [1].

En effet, quatre cent respectables personnes, tant hommes que femmes, la plus grande partie de femmes, prises tant dans les prisons qu'au château et dans les communautés du Calvaire, du Bon-Pasteur, des Pénitentes et des Carmélites [2], furent conduites dans le bois des Bons-Hommes, au champ dit des Martyrs où elles furent impitoyablement massacrées comme les autres qui les avaient

[1] C'est sans doute dans cette fusillade du 1er février, 13 pluviôse, que périt la sœur de M. Gruget, interrogée à la prison nationale le 3 pluviôse : n° 14. Jeanne Gruget, veuve Dolly, 63 ans, de Beaupréau, marchande, a un fils prêtre déporté, a suivi constamment les prêtres réfractaires, a un gendre parmi les brigands. *(En marge)* F.

[2] Il n'existe aucun cahier d'interrogatoires concernant les détenues de la maison des Carmélites.

précédées. Il y avait des personnes de tous les pays, mais principalement de la Vendée, de tous les états et de toutes les conditions.

Ce fut dans cette journée que les deux respectables sœurs, Marianne Vulliau et Odille Baugard, terminèrent glorieusement leur carrière et obtinrent la couronne du martyre. J'ai déjà parlé de leur courage à résister à toutes les sollicitations et à toutes les menaces qu'on leur avoit faites pour les déterminer à faire le serment qu'on leur demandoit, ainsi qu'à toutes leurs respectables compagnes. Depuis leur entrée dans la maison du Bon-Pasteur, on n'avoit pas cessé de les poursuivre pour les y engager. Voyant qu'on n'y pouvoit réussir, on se détermina à faire un exemple. La maison du Bon-Pasteur étoit pleine de victimes qu'on destinoit à la mort, ainsi que toutes les autres communautés du Calvaire, des Pénitentes et des Carmélites, ainsi que le château et les prisons royales. On résolut d'y joindre ces deux respectables sœurs[1]. Le jour du massacre qu'on se disposoit de faire étant fixé au samedy 1er février, on fit encore de nouvelles démarches pour les déterminer à faire le serment. Elles s'y refusèrent constamment. On les menaça de la mort, elles la préférèrent plutôt que de souiller leur âme par ce péché. Enfin le moment arriva,

[1] Prison du Bon-Pasteur. Interrogatoire des détenues. Séance du 9 pluviôse an II :

« 32. Marie-Anne Vaillot, âgée de soixante ans, née à Fontainebleau, fille de charité de l'Hôtel-Dieu Saint-Jean d'Angers, où elle demeuroit et où elle fut arrêtée il y a dimanche huit jours (vieux style), par des citoyens, a dit que le motif de son arrestation, parce qu'elle n'a pas prêté le serment, ne veut pas le faire. Elle ne craint pas qu'on dispose d'elle n'importe comment. Dans ses réponses on reconnoît aisément qu'elle est une fanatique et rebelle aux lois de son pays. N'a jamais entendu la messe des prêtres sermentés. (En marge) F.

« 33. Audile Baugard, âgée de quarante-trois ans, née à Gondrexange en Lorraine, fille de charité de l'Hôtel-Dieu Saint-Jean d'Angers où elle demeuroit et où elle fut arrêtée il y a dimanche huit jours (style esclave) par des citoyens. A dit que le motif de son arrestation parce qu'elle n'a pas prêté le serment, ni ne veut le faire. Elle ne craint pas qu'on dispose d'elle n'importe comment. Dans ses réponses on reconnoît aisément qu'elle est une fanatique et rebelle aux lois de son pays. (En marge) F. »

On les fit sortir avec les autres, deux à deux, pour les conduire au lieu de leur supplice. La sœur Marianne étoit liée avec sa compagne et alloit d'un pas ferme au martyre. La joie étoit peinte sur son visage. Elle ne cessoit de témoigner sa satisfaction de donner sa vie pour son divin époux. Je ne céderois pas ma place à un autre, s'écrioit-elle dans les transports de son amour qu'elle se sentoit pour son divin maître. La respectable sœur Odille, sans avoir envie de se rendre au désir de ses juges qui l'engageoient à prêter le serment, avoit paru un peu troublée à la vue des préparatifs du supplice qu'elle voyoit devant ses yeux. Elle craignit de manquer de courage au moment du martyre. La sœur Marianne la rassura et lui fit entrevoir la couronne qui leur étoit destinée. « Ne la manquons pas, dit-elle, ne laissons pas échapper une si belle occasion de témoigner notre amour à notre divin époux. Ce jour est le plus beau et le plus heureux de notre vie ; il va mettre fin à toutes nos misères et nous allons avoir le bonheur de voir Dieu et de le posséder pour toute l'éternité. Nous le posséderons et nous en serons possédées sans craindre d'en être séparées. »

A ce langage, la bonne sœur Odille revient à elle-même. Elle voit ses forces revenir. Elle brûle, comme sa compagne, de donner sa vie pour son céleste époux. Elle a honte d'avoir appréhendé la mort. Elle en demande pardon à Dieu et à sa chère compagne. Elles s'animent et s'encouragent l'une et l'autre, et toutes les deux animent et encouragent toutes celles qui étoient condamnées à mourir avec elles pour Jésus-Christ.

Elles vont donc au supplice au milieu de leurs bourreaux, c'est-à-dire au milieu de deux haies de soldats destinés à les massacrer et qui étoient armés de leurs fusils. Les juges les suivoient par derrière. Comme les apôtres, elles se glorifient d'être humiliées pour leur divin Maître. Elles ne veulent pas que des capots et des mantelets cachent et couvrent leur visage. Elles ne veulent que de simples coëffes et vont ainsi, têtes levées, au lieu de leur supplice, en récitant les psaumes et les cantiques de l'église pour s'animer et s'encourager les unes les autres.

Tant de courage et de fermeté dans des femmes étonnent leurs bourreaux. Ils ont peine à croire ce qu'ils voient, mais le Seigneur a endurci leur cœur afin que voyant ils ne croyent pas et que sentant ils ne comprennent pas, *ut videntes non videant et intelligentes non intelligant*. D'ailleurs leur parti est pris irrévocablement. L'arrêt de mort pour tous ceux qui se déclareront les disciples de Jésus-Christ est prononcé. Ils ont résolu de marcher dans le sang des innocents. Jésus-Christ le permet ; il veut être glorifié et il se trouve heureusement de ces âmes fortes et courageuses disposées à tout souffrir pour lui et pour son nom et à mourir même au milieu des plus horribles tourments.

Enfin, toutes les victimes arrivent au lieu du supplice, comme des agneaux qu'on conduit à la boucherie. Leurs fosses sont disposées. On les conduit au bord. Elles voyent l'endroit où leurs corps vont reposer. Elles ne s'en effrayent pas. Elles sont toutes rangées en bataille et attendent avec une sorte d'impatience le coup qui va terminer leur carrière. Elles lèvent les yeux au ciel. Elles font à Dieu le sacrifice de leur vie. Elles le conjurent de leur pardonner les fautes qu'elles peuvent avoir commises pendant leur vie. Elles mettent en Dieu leur confiance et déjà elles voyent le ciel qui s'ouvre pour les recevoir.

Cependant, le commandant chargé de faire tirer sur elles fait apercevoir une espèce de commisération pour nos deux respectables sœurs. Pour les autres, leur arrêt est prononcé, il faut qu'elles périssent. Il fait faire silence. Il s'avance vers les sœurs Marianne et Odille et leur parle de la sorte : « Citoyennes, leur dit-il, il est encore temps d'é-
« chapper à la mort dont vous êtes menacées. Vous avez rendu
« des services à l'humanité. Quoi, pour un serment qu'on

« vous demande, vous voudriez donner votre vie et discon-
« tinuer les bonnes œuvres que vous avez toujours faites ?
« Qu'il n'en soit pas ainsi, retournez dans votre maison.
« Continuez de rendre les services que vous avez toujours
« rendus. Ne faites pas le serment, puisqu'il vous répugne
« et qu'il vous contrarie. Je prends sur moi de dire que
« vous l'avez prêté et je vous donne ma parole qu'il ne
« vous sera rien fait ainsi qu'à vos compagnes. »

    « Citoyen, lui répond la respectable sœur Marianne,
« tant en son nom qu'en celui de sa chère compagne, non
« seulement nous ne voulons pas faire le serment dont
« vous nous parlez, mais même nous ne voulons pas passer
« pour l'avoir fait. Ne nous croyez pas assez lâches et
« assez attachées à une misérable vie pour nous croire
« capables de souiller notre âme et de la sacrifier pour un
« serment que nous avons toujours détesté et que nous
« détestons encore. Dieu ne nous demandera pas compte
« des services que nous ne pourrions rendre à nos sem-
« blables qu'en faisant un serment qu'il déteste et qu'il
« condamne, et si nous ne pouvons conserver notre vie
« qu'à cette condition, nous vous déclarons que nous pré-
« férons la mort plutôt que de rien faire qui soit opposé à
« l'amour que nous avons juré à notre Dieu. » Ces paroles,
prononcées avec le ton ferme et courageux qu'on connais-
sait dans la sœur Marianne, déconcertèrent le commandant.
Il eût voulu peut-être les sauver, mais c'eût été se compromettre auprès du tribunal révolutionnaire. Il préféra,
comme Pilate, d'agir et de prononcer contre sa conscience.
Il donna l'ordre de tirer, et à l'instant toutes les victimes
furent renversées. La sœur Marianne ne tomba pas au
coup. Elle n'eut que le bras cassé. Comme saint Étienne,
elle priait pour ses persécuteurs. « Pardonnez-leur, disoit-
elle, ils ne savent ce qu'ils font. » Les tigres, aussitôt la
fusillade finie, se jetèrent sur elle et sur toutes les autres
victimes et avec leurs sabres ou leurs bayonnettes les

hachèrent et les mirent en morceaux. Ce fut ainsi que ces deux respectables sœurs terminèrent glorieusement leur vie, après en avoir passé la plus grande partie aux soins des pauvres et des malades et de toutes les œuvres de charité.

Ce fut dans cette journée à jamais mémorable que Madame veuve Houdet, âgée d'environ soixante-quinze ans, avec trois de ses respectables filles, la plus jeune au moins de trente-quatre ans, de la p.sse de Notre-Dame de Chalonnes, furent également massacrées. Elles avoient été enlevées de chez elles parce qu'elles étoient accusées d'être aristocrates, c'est-à-dire attachées à la religion. Madame Houdet étoit mère de M. Houdet, vicaire de la Trinité. Il étoit resté avec moi jusqu'à mon déplacement pour cause de refus du serment de la constitution civile du clergé. Il avoit été vivement sollicité à le faire et il s'y refusa toujours constamment. En me quittant, il se réfugia chez sa respectable mère et rendit aux catholiques tous les services dont il étoit capable. Il y resta jusqu'au tems où les prêtres de ce diocèse furent déportés en Espagne. Voyant qu'il ne pouvoit plus rendre les mêmes services, et craignant de compromettre ses respectables parens, il prit la résolution de passer aussi en Espagne et d'aller joindre nos confrères qui y étoient déjà rendus. Il m'écrivoit à ce sujet et me proposoit d'être son compagnon de voyage. C'étoit dans le mois d'octobre 1792. La Providence m'ayant conservé comme par miracle, je pensois qu'elle pouvoit avoir des vues sur moi et je me décidai à rester, dans l'espérance que je pourrois rendre quelques services aux pauvres fidèles que je voyois abandonnés à eux-mêmes. Je lui répondis donc que je ne pouvois me décider à abandonner mes paroissiens, mais que lui, n'ayant pas les mêmes obligations, je lui conseillois de fuir un pays qui dévoroit ses habitans et d'aller dans une autre contrée afin de se conserver pour un tems plus favorable. Il se rendit aussitôt à Nantes et s'embarqua pour l'Espagne, et de là en Amérique, où il paroît qu'il a terminé sa carrière.

Malgré les lettres que sa respectable famille recevoit de lui, tandis qu'il étoit encore en Espagne, on ne cessoit de l'accuser d'être dans la Vendée et d'animer les royalistes contre les républicains. Ce fut même un prétexte dont se servirent les patriotes de Chalonnes pour arrêter Mme Houdet, sa mère, et ses trois respectables filles. On les amena à Angers et on les enferma dans la maison du Bon-Pasteur. Une des demoiselles y tomba dangereusement malade. On fut obligé de lui appliquer les emplâtres. Elle les avoit même aux jambes quand on fut la chercher, avec ses deux respectables sœurs et Madame sa mère, pour les conduire au champ dit des Martyrs pour les massacrer. Les tigres ne furent pas touchés de son état. Ils la tirent de son lit pour la mettre avec les autres. Cette respectable famille n'avoit d'autre tort que d'être très attachée à son Dieu et à son Roi. Il n'en falloit pas davantage pour être digne de mort. M. de la Patrière, son gendre[1], demouroit alors à Nantes, avec son épouse et ses enfans. Averti du danger que couroit sa belle-mère, ainsi que ses belles-sœurs, il partit sur le champ pour solliciter leur grâce et les tirer des prisons. Il les trouva liées et garottées dans la rue Saint-Nicolas, à la porte du Bon-Pasteur. Tout ce qu'il put dire et faire fut absolument inutile. Nos tigres étoient altérés de sang. La mère et les demoiselles étoient attachées fortement à leur foi, on le savoit. On savoit de plus que le fils avoit refusé le serment malgré tout ce qu'on avoit pu faire pour l'y déterminer, qu'il avoit rendu de grands services aux fidèles, qu'il s'étoit même exposé pour obliger ceux qui avoient eu recours à son ministère. Il n'en falloit pas davantage pour rendre les juges inexo-

---

[1] Le mémoire des *citoyens composant la Société populaire d'Angers à la Convention nationale*, en date du 5 brumaire an III, le nomme Hardieu.

rables, aussi furent-elles conduites au champ des Martyrs et massacrées impitoyablement avec les autres [1].

Mlle Bellanger, fille extraordinairement vertueuse, native de la p^{sse} de la Trinité, et d'une famille très respectable, périt aussi le même jour. Avant la Révolution, elle demeuroit chez M. Chesneau, curé de Montreuil-belle-frois [Belfroy]. Elle s'y étoit retirée pour lui être utile et à sa paroisse par les œuvres de charité qu'elle y faisoit. Elle se retira à Angers lorsque M. Chesneau fut obligé de quitter sa p^{sse} pour refus du serment. Il prit une maison avec elle et il y resta jusqu'au 17 juin 1792 qu'on renferma tous les prêtres. Il trouva le moyen d'échapper à la poursuite des patriotes et se tint assez longtems caché. Il passa ensuite dans la Vendée avec M. le prieur de Saint-Agnan de cette ville et se fixèrent à Saint-Florent-le-Vieux. Ils y étoient l'un et l'autre, lorsque l'armée catholique et royale se décida à passer la Loire. Ils firent avec elle toute la tournée. Ils furent pris après le siège chez M. Raumont, commandant de la garde

---

[1] Prison du Pon-Pasteur. Interrogatoires des détenues. Séance du 9 pluviôse an II.

« 19. Renée Poissonneau, âgée de 72 ans, née à Chalonnes, veuve de Jacques Houdet, vivant chirurgien, domiciliée idem, arrestée chez elle depuis trois mois, ne scait pourquoy, sinon qu'elle n'alloit pas à la messe des prêtres constitutionnels, se propose d'écrire pour être réclamée. (*En marge*) à revoir (*au-dessus*) F.

« 20. Magdeleine Houdet, âgée de 14 ans, née à Chalonnes, fille, demeurant et vivant avec sa mère, précédente interrogée, n'a rien à ajouter aux réponses que sa mère a fait dans son interrogatoire. (*En marge, mêmes mentions que ci-dessus*).

« Et parce que Marie Houdet et malade, Vacheron s'est porté dans dans sa chambre et l'a interrogée comme suit.

« 21. Marie Houdet, âgée de 42 ans, gissante dans son lit où elle est dangereusement malade, fille et sœur des précédentes, n'a rien à dire plus qu'elles. (*En marge, mêmes mentions que pour les précédentes*).

« 22. Julie Houdet, âgée de 38 ans, née commune de Chalonnes, fille et sœur des précédentes interrogées, n'a rien à ajouter à leurs interrogatoires. (*En marge, mêmes mentions que pour les précédentes*). »

C'est sans doute après avoir noté l'affaire des dames Houdet à revoir, que les commissaires recenseurs, Vacheron et Brémaud, se sont décidés à les comprendre dans la fusillade du 13 pluviôse, 1er février, en ajoutant un F en face de leurs noms sur la marge du cahier des interrogatoires.

nationale de Luigné près Durtal[1] et amenés dans les prisons. Ils ne tardèrent pas à comparoître devant le tribunal révolutionnaire qui de suite les condamna tous les trois à la mort. Ce fut le 31 décembre 1793 qu'ils furent martyrisés, au milieu d'une foule de spectateurs qui ne cessoient de crier vive la République à chaque tête qui tomboit. Le bourreau, ce jour-là, ramassa la tête de M. le prieur de Saint-Agnan et la montra à toute la populace qui redoubla ses hurlemens.

M. Chesneau, curé de Montreuil, ayant été martyrisé, on ne tarda pas à mettre le scellé sur ses effets, et comme Mlle Bellanger occupoit la maison, on pensa qu'elle pensoit comme lui. On se saisit d'elle et on la conduisit au Bon-Pasteur. Au bout de quelques jours, on fut l'interroger. On lui demanda si elle alloit à la messe des prêtres constitutionnels. « Non, leur répondit-elle, ce n'étoit pas mon opinion. Vous êtes une fanatique, lui dit-on. Avez-vous des patriotes dans votre famille ? Ils le sont presque tous, répondit-elle. Vous avez encore deux jours à vous, lui dit-on. Si dans cette intervalle vous n'êtes pas réclamée, il n'en sera plus temps pour vous, pressez-vous. » N'ayant point été réclamée, elle périt avec les autres, avec tous les sentimens de religion qu'on lui connaissoit[2].

---

[1] MM. Nicolas-Charles Chesneau, âgé de 70 ans, curé de Montreuil-Belfroy, et Pierre-Raoul Doguereau, prieur-curé de Saint-Aignan d'Angers, âgé de 65 ans, avaient été en effet condamnés à mort le 11 frimaire an II, 31 décembre 1793. Ils avaient été arrêtés quelques jours auparavant au village de la Roterie, commune du Louroux-Béconnais, et non pas chez M. Raumant, ancien maître d'école, commandant de la garde nationale de Lézigné (et non Luigné). Celui-ci fut bien condamné à mort et exécuté en même temps que MM. Chesneau et Doguereau, mais sans que son affaire eût aucun rapport avec la leur.

[2] Prison du Bon-Pasteur. Interrogatoires des détenues. Séance du 9 pluviôse an II.

[3] 23. Françoise Bellanger, âgée de 58 ans, née commune d'Angers, fille, vivant de son revenu, arrêtée chez elle à Angers depuis trois semaines, ne sait pourquoi. A cependant dit que son opinion était de préférer les prêtres insermentés à ceux constitutionnels aux offices desquels elle n'a jamais été, a ajouté qu'elle croit avoir été

Ce n'est pas qu'elle n'eût que des patriotes dans sa famille, elle avoit deux sœurs, et une belle-sœur, M͏ᵐᵉ Guittet, M͏ᵐᵉ Chesneau, belle-sœur de M. Chesneau, curé de Montreuil, et M͏ᵐᵉ Bellanger-Chauveau, ainsi que tous ses enfans qui se sont distingués dans les tems les plus difficiles par leur attachement à la religion de leurs ayeux. Il n'est même pas de persécution que cette dernière belle-sœur n'ait eu à éprouver pour son attachement au trône et à l'autel, mais sa religion lui a fait tout supporter avec une patience admirable. Aussi Dieu l'en a-t-il récompensée en lui ôtant toutes les horreurs de la mort. Elle est décédée le 27 février 1816 dernier, pendant la mission. Elle avoit assisté régulièrement à tous les exercices de la mission. Le mardy matin, 27 février, elle avoit eu le bonheur de communier pour sa mission. Après avoir assisté au sermon du matin, elle se rendit à celui du soir, d'assez bonne heure pour y chanter des cantiques avec les autres. A peine M. Dion, qui prêchait ce jour-là, avait-il commencé, qu'elle se trouva mal. Elle sortit et n'eut que le tems de se faire conduire chez Madame sa fille, M͏ᵐᵉ de la Roche : en entrant elle sentit que c'étoit sa fin et elle s'en expliqua ainsi. On vint me chercher à l'église et je n'eus que le tems de lui donner quelques onctions. Ainsi mourut M͏ᵐᵉ Bellanger, de la mort des justes, généralement estimée et regrettée de toutes les personnes honnêtes qui la connoissoient.

J'ai cru devoir ce tribut d'éloges à cette respectable dame Bellanger pour son attachement à sa foi dans les tems les plus orageux et pour toutes ses bonnes œuvres dont j'ai eu une connoissance toute particulière. Je puis dire même qu'elle m'a donné l'hospitalité pour rendre des services aux fidèles qui avoient besoin de mon ministère dans

regardée comme suspecte parce qu'elle s'était rendue dépositaire pendant quelque temps d'effets appartenant à l'abbé Chesneau qui fut guillotiné le trente-un décembre dernier (vieux style), a encore dit avoir des parens patriotes à Angers qui s'occupoient de la réclamer. (*En marge*) F. »

un tems où elle eût été condamnée à la mort si les impies
en eussent eu connoissance. Il y a tout lieu d'espérer que
Dieu, qui ne laisse rien sans récompense, l'en aura récompensée et qu'elle en jouit actuellement.

Elle n'eût pas manqué de réclamer Mᵐᵉ Bellanger, sa
belle-sœur, si elle eût joui d'une meilleure réputation
auprès de nos impies. Toutes les démarches qu'elle eût pu
faire, ainsi que ses belles-sœurs qui partageoient ses sentimens, eussent été absolument inutiles et peut-être même
préjudiciables à elles et à leurs enfans. Au reste, Mᵐᵉ Bellanger est bien dédommagée de ce qu'elle a souffert par
la couronne du martyre qu'elle a mérité.

Ce même jour, 1ᵉʳ février 1794, on compte parmy les
victimes massacrées au champ des Martyrs, Mᵐᵉ Saillant,
dit d'Épinard, avec deux de ses demoiselles, une âgée
d'environ vingt ans et l'autre de quinze ans¹. M. Saillant,
dit d'Épinard, son respectable époux, étoit juge conseiller
de la sénéchaussée de Saumur avant la Révolution. Il avoit
la réputation d'un très honnête homme et étoit très attaché
à son Dieu et à son roi. Madame son épouse partageoit ses
sentimens, ainsi que leurs enfans. Son opinion, qu'il ne
pouvoit s'empêcher de manifester, lui avoit attiré bien des
persécutions de la part des habitans de Saumur qui étoient
bien loin de penser comme lui. L'armée royale et catholique s'étant emparée de Saumur, dans le mois de mai 1793,
après quelque résistance, et n'ayant pas assez de forces
disponibles pour conserver cette place, vint s'emparer
d'Angers qui lui ouvrit ses portes, et se retira ensuite dans

¹ Mᵐᵉ Saillant fut fusillée le 1ᵉʳ février avec ses trois filles (et non
deux seulement), âgées de 25, 21 et 23 ans. Nous reproduisons plus
loin leurs interrogatoires. Ce qui a pu induire en erreur M. le curé
Gruget, et après lui plusieurs historiens, quant à l'âge de la plus
jeune, c'est qu'il y avait au Calvaire, en même temps que les dames
Saillant d'Épinard, une vendéenne de Beaupréau portant le même
nom, Henriette Saillant, âgée de 16 ans, dont les deux sœurs avaient
été fusillées précédemment au champ des Martyrs. Mais cette dernière ne fut pas exécutée.

la Vendée, après avoir essayé de s'emparer de Nantes. M. Saillant pensa avec raison qu'il ne seroit pas en sûreté chez lui, s'étant fait connoître pour ce qu'il étoit pendant le séjour des royalistes à Saumur. Il se décida donc à se retirer dans la Vendée, avec Madame son épouse et ses enfans ; ayant suivi l'armée après le passage de la Loire, ils furent pris, à ce qu'il paroît, après la déroute du Mans[1] et conduits dans les prisons d'Angers. M. Saillant fut conduit dans la prison royale, et Madame son épouse dans la maison du Bon-Pasteur avec Mlles ses filles. M. Saillant ne périt pas avec Madame son épouse. Ce ne fut que le mardy 4 mars qu'il fut traduit devant le tribunal révolutionnaire qui le condamna à la mort qu'il subit le même jour, 4 mars, avec quatre autres respectables personnes, savoir : d^{lle} Charlotte-Victoire Avril, fille, native de la p^{sse} de Saint-Melaine et vivant de ses revenus dans celle de Soulaines. Elle y faisait beaucoup de bien et rendoit des services considérables à la p^{sse}. Elle étoit très pieuse et très attachée à la religion de ses pères. Il n'en falloit pas plus pour mériter la mort. Dame Jeanne Levesque, veuve de Pierre Cady, de la p^{sse} de Saint-Maurille des Ponts-de-Cé. Il y a lieu de croire qu'elle étoit parente de Mr Cady qui commandoient dans l'armée catholique, et alors il n'est pas surprenant qu'elle se soit trouvée du nombre des victimes. Dame Périnne Viau, épouse du s^r Jacques Renou, de la p^{sse} de Saint-Laurent-de-la-Plaine, près Chalonnes et y demeurant[2].

[1] M. Saillant avait quitté les Vendéens sitôt après le passage de la Loire, 18 octobre 1793. On le trouve, le 25 de ce mois, à Ingrandes, où il rencontrait un officier républicain qui lui fournissait les moyens de se réfugier à l'Hôtellerie-de-Flée.

[2] On ne trouve pas le jugement rendu contre ces trois femmes sur les registres de la Commission militaire devant laquelle elles comparurent en effet le jour indiqué par M. Gruget, 13 ventôse an II. La chemise du dossier contenant leurs interrogatoires porte une mention indiquant que Perrine Viau, femme de Jacques Renou, a été acquittée et que les deux autres ont été condamnées à mort ledit jour. Une autre note, placée dans le dossier même, constate que

M. Jacques-Nicolas Gastineau, âgé d'environ soixante-huit ans, professeur en droit de l'Université d'Angers. C'était un homme savant et jouissant d'une excellente réputation avant et depuis la Révolution[1]. Il était très attaché à son roi et à sa religion et en prenoit hautement la défense et par ses discours et ses écrits. Il avoit été nommé membre de la municipalité d'Angers en janvier 1790. Les honnêtes gens conçurent de grandes espérances de le voir, avec plusieurs autres, nommé à cette place. Ils comptoient sur leur probité, sur leur fermeté et leurs dispositions à s'opposer aux progrès que faisoit déjà la Révolution. Mais, avec les meilleures intentions et quelque courageux qu'ils fussent, ils ne purent résister à toutes les menées et à toutes les injustices autorisées et conseillées même par le maire qui existoit alors et par tous ceux de son parti. Ils furent donc obligés de faire leur démission pour ne point participer à toutes les injustices qu'ils voyoient et qu'ils ne pouvoient pas empêcher; et M. Gastineau fut de ce nombre.

Il s'opposa fortement à la demande des jeunes étudiants en droit, et soutenu par M. La Touche[2], son confrère et professeur comme lui, mais qui ne partageoit pas ses sentiments, tendant à ne plus étudier et parler latin. Il sentoit que c'étoit introduire et favoriser l'ignorance, les meilleurs auteurs étant pour la plus part écrits en latin.

Il fit à la rentrée de l'Université, à la Saint-Martin 1790,

« ce jugement n'a pas encore été enregistré », c'est-à-dire porté sur le registre de la Commission. Il ne devait jamais y être transcrit, pas plus que le procès-verbal d'exécution des deux condamnées. Mais on trouve leurs noms portés sur le mémoire de l'exécuteur des jugements criminels Dupuis.

[1] Gastineau, Jacques-Nicolas-René, docteur agrégé en la Faculté de droit, professeur en droit civil et canon, avocat aux sièges royaux, procureur du roi en la maîtrise des eaux et forêts d'Angers, membre de l'Académie de cette ville, époux de Françoise-Renée Sizé.

[2] Guillier de la Touche, Louis-Jean, né le 4 juillet 1731, à Angers, conseiller du roi et docteur, professeur en la Faculté des droits depuis 1750, doyen depuis plus de 30 ans en 1789, mort le 23 avril 1798.

le discours d'usage. Il s'étendit beaucoup sur l'irréligion qu'on cherchoit à propager en France, sur les massacres, les incendies et les injustices de toute espèce auxquelles les François se laissoient aller. Il eut le courage d'avancer que les auteurs de tous ces malheurs étoient plusieurs députés de l'assemblée des États-Généraux.

Ce discours fit bruit, et on fut étonné qu'il eût le courage de le prononcer. Mais le peuple n'étoit point encore familiarisé avec le crime.

Tout le monde sait et a connoissance de cette insurrection des perrayeurs qui eut lieu le 6 septembre 1790. Il dit à cette occasion, devant moi, et devant plusieurs personnes et parens même de ceux qui étoient les moteurs de cette insurrection : « Pauvre peuple! On l'engage à se révolter. Il se révolte et on le pend. » En effet, cinq furent pendus, beaucoup furent fusillés à l'occasion de cette insurrection et ce n'étoit que d'honnêtes gens. Le but qu'on s'étoit proposé en occasionnant cette révolte étoit de trouver occasion de sévir contre le clergé. On se disposoit à chasser tous les chanoines et à fermer leurs églises. On vouloit les rendre odieux en disant qu'ils étoient les auteurs de cette insurrection. On ne put pas cependant réussir à trouver le moindre indice qu'ils en étoient la cause, malgré tous les soins qu'on se donna pour y réussir.

« On s'est donné bien de garde de chercher à en découvrir les auteurs, me dit un jour un quelqu'un bien instruit et qui les connoissoit bien. On en auroit découvert qu'on ne vouloit pas découvrir. » On cessa en effet de faire des perquisitions quand on s'aperçut qu'on alloit les connoître.

Je reviens à M. Gastineau. Il passoit une partie de l'année à sa campagne de la Jaillette [1]. Il y employoit son tems à la lecture et à donner des conseils à tous ceux qui avoient recours à lui. Il ne vouloit pas rester à Angers pour n'être

---

[1] Le château de l'Oncheray, commune de la Jaille-Yvon, et non à la Jaillette, village de la commune de Louvaines.

pas témoin des horreurs qui s'y faisoient et dans la crainte qu'on le soupçonnât d'y faire un parti. Cette crainte étoit fondée. On connoissoit son mérite et l'ascendant qu'il avoit sur les esprits. Cependant il ne put réussir à se sauver.

Dans le mois de mars 1793, il se fit dans son canton une insurrection à l'occasion de la milice. On ne manqua pas de dire qu'il en étoit l'auteur, ainsi que M. le chevallier de la Grandière, son voisin et son ami. On fut aussitôt les chercher et on les amena au château. Ils y trouvèrent M. de Vaugiraud, qui y étoit depuis quelque tems par mesure de sûreté. Ils logèrent et mangèrent ensemble. On leur avoit laissé la liberté de se procurer ce qui leur étoit nécessaire, et même de prendre l'air dans l'intérieur du château. M. Gastineau s'étant plaint qu'une somme de trois mille livres lui avoit été prise par la garde nationale qui avoit été le chercher à sa campagne, il n'en fallut pas davantage pour irriter ses ennemis contre lui. Il fut aussitôt jeté dans un cachot où il manquoit de tout et étoit réduit à coucher sur de mauvaise paille.

Il étoit au château quand l'armée catholique fit son entrée à Angers. Il fut emmené, avec M. le chevallier de la Grandière et M. de Vaugiraud, de peur d'être délivré par elle, ainsi qu'un grand nombre d'autres prisonniers. Ils furent conduits d'abord à Châteaugontier, Sablé et de là au Mans. Il n'est pas de tourmens qu'on inventât, depuis Angers jusqu'au Mans. Ils essuyèrent toutes sortes d'insultes et de misères. Il y restèrent quelque tems dans les prisons.

M. Gastineau et M. le chevallier de la Grandière, se croyant innocens, eurent le malheur de demander à être jugés. On les amena à Angers. Ils n'y furent pas plutôt arrivés qu'ils comparurent devant le tribunal révolutionnaire qui ne balança pas à les condamner à la mort. M. le chevallier de la Grandière ne fut jugé que le lendemain 5 mars [1]. M. Gastineau fut exécuté le soir même de son jugement. Il montra beaucoup de courage. Arrivé à l'échafaud, il considéra l'instrument fatal qui devoit terminer sa vie. « Vous allez me manquer », dit-il au bourreau d'un ton ferme et qui n'annonçoit pas un homme qui craignoit la mort. Il disoit vrai. Il fut manqué en effet et le bourreau fut obligé de s'y reprendre. Ainsi finit M. Gastineau, après avoir passé sa vie dans l'étude du droit qu'il enseignoit avec distinction. Il fut regretté de tous les honnêtes gens. Il faut espérer qu'il jouit de la récompense de ses souffrances pour son Dieu et pour son roi.

On me pardonnera cette interruption. J'en étois à Mme Saillant dit d'Épinard. Je reviens à elle et à ses respectables demoiselles, compagnes de ses souffrances et de son martyre. Elles étoient passées avec M. Saillant dans la Vendée, dans l'espérance d'y être plus tranquilles et plus en sûreté et de pouvoir aussi plus aisément y remplir les devoirs de leur religion. L'armée catholique et royale ayant passé la Loire, elles la passèrent aussi et la suivirent probablement jusqu'au Mans. Il est probable que ce fut après la déroute du Mans qu'ils furent pris et amenés à Angers. Elles furent conduites dans la maison du Bon-Pasteur et elles y étoient quand on fut les chercher pour les conduire au champ des martyrs [2]. La mère, infiniment pieuse, ne

[1] Suivant le registre des jugements rendus par la Commission Félix, MM. de la Grandière, Gastineau et Saillant furent condamnés le même jour 14 ventôse an II, 4 mars 1791 et exécutés le soir même.

[2] Prisons du Calvaire. Interrogatoires du 5 pluviôse an II. (Devant Vacheron et Baudron).

« 51. Perrine-Charlotte Philipeaux, âgée de 51 ans, née à Saumur, femme de Étienne-Mathurin Saillant, assesseur criminel d'abord, puis vivant de son revenu, demeurant ordinairement à Saint-Nicolas de Saumur, détenu dans les prisons dites du château d'Angers, arrêtés tous les deux avec trois de leurs filles, il y aura demain quinze jours, ne sait pourquoi ; avoue cependant avoir été regardés comme suspects parce que tous se sont absentés de leur domicile l'espace de trois mois, et ils ont passé ces trois mois dans une ferme occupée par une veuve, à la distance de trois lieues de Brissac, la désertion de leur pays eut lieu le jour de saint Jean après-midi. (En marge) G. F.

« 55. Perrine Saillant, âgée de 25 ans, née à Saumur, fille de la

cessoit d'exhorter ses respectables demoiselles à demeurer fermes dans la foi de leurs pères. Comme la mère des Machabées, elle leur faisoit envisager le bonheur qui leur étoit réservé. « Encore un instant, leur disoit-elle, et vous aurez le bonheur de voir votre Dieu et de le posséder. Voyez, ajoutoit-elle, la couronne qui vous attend, rendez-vous en dignes par votre soumission à sa sainte volonté. Cette misérable vie qu'on va vous ôter n'est rien en comparaison de celle dont vous allez jouir. Mourez pour votre Dieu comme il est mort pour vous. Il a pardonné à ses ennemis, pardonnez aussi aux vôtres. »

Ainsi parloit cette respectable dame à ses enfans qu'elle aimoit tendrement. L'aînée de ses demoiselles étoit bien pénétrée des vérités qu'elle lui annonçoit et bien disposée à faire à Dieu le sacrifice de sa vie. Mais il n'en étoit pas ainsi de la plus jeune, la vue de la mort dont elle étoit menacée l'effrayoit. Quoique élevée bien chrétiennement, elle ne laissoit pas d'être attachée à la vie. Elle tomba même dans une espèce de fureur quand on vint la chercher pour la conduire à la mort. Elle se prenoit à la porte et à tout ce qu'elle trouvoit sous ses mains pour ne pas sortir

précédente interrogée et d'Etienne-Mathurin Saillant, ses père et mère, qu'elle dit avoir suivis partout où ils sont allés. (*En marge*) F. (*et plus bas*) à revoir.

« 56. Jeanne-Denise Saillant, âgée de 24 ans, née à Saumur, sœur et fille des précédentes interrogées, a suivi ses père et mère partout où ils sont allés, a fait tout comme eux (*en marge*) F. (*et plus bas*) à revoir

« 57. Magdeleine-Perrine Saillant, âgée de 23 ans, née à Saumur, sœur et fille des précédentes interrogées. Elle a suivi ses père et mère partout où ils sont allés et a fait à leur volonté. (*Mêmes mentions en marge*). »

Françoise Bonneau, âgée de 31 ans, née à Saint-Lezin, depuis huit ans au service des dames Saillant, est interrogée après celles-ci et déclare les avoir suivies partout, et comme domestique avoir fait leur volonté. Son nom est également marqué d'un F. et elle périt avec ses maîtresses.

Les commissaires recenseurs avaient évidemment désigné Mme Saillant pour la guillotine, renvoyant à un nouvel examen l'affaire des demoiselles Saillant et de leur domestique, puis ils ont changé d'avis et les ont toutes marquées d'un F. qui les a fait comprendre dans la fusillade du 13 pluviôse, 1er février.

de la maison. « Qu'on me tue, qu'on me massacre ici, s'écrioit-elle, à la bonne heure, mais je ne veux pas qu'on m'attache pour me conduire avec les autres à la mort. » Sa tendre mère redoubloit ses prières et la conjuroit de ne pas perdre la couronne du martyre que Dieu lui offroit. Enfin elle se laisse lier et garotter et va au supplice avec sa tendre mère qui ne cesse de l'exhorter à lever les yeux au ciel et à ne pas perdre le fruit de ses souffrances. Le ciel ne permit pas que les soins de cette respectable mère fussent inutiles. Cette jeune demoiselle rentra en elle-même, elle sentit tout le prix du bonheur qu'elle avoit de mourir pour son Dieu. Arrivée au lieu de son supplice, un des bourreaux ou des gardes chargés de les y conduire et de les massacrer fut touché de sa jeunesse et, l'ayant prise par le bras, il l'écarta de celles qui devoient être fusillées. Elle fit quelques pas ; mais sentant tout le danger de tomber entre les mains de ces tigres et les risques qu'elle avoit à courir pour son innocence, elle revint bien vite se placer aux côtés de sa respectable mère et de sa chère sœur, bien résolue à donner comme elles sa vie pour son Dieu.

Ce fut alors que cette respectable mère, imitant toujours la mère des Machabées, conjura de nouveau ses chères enfans de persévérer jusqu'à la fin et d'envisager le ciel prest à s'ouvrir pour les recevoir. « Encore un instant, dit-elle, et vous allez recevoir la couronne du martyre, rendez-vous en dignes par votre soumission à la volonté du Seigneur », et pour être assurée de leur persévérance et de les voir avec elle dans le ciel, elle se tourne vers ses bourreaux, elle les prie, elle les conjure de les fusiller avant elle et, afin d'obtenir plus sûrement cette grâce, elle tire de ses cheveux un rouleau de pièces d'or qu'elle conservoit pour leurs besoins et les siens, elle détache ses bracelets de ses bras et ses diamants de ses oreilles et les leur remet entre les mains pour récompense de leur fidélité et de leur exactitude à exécuter ses dernières volontés. Elle obtint ce qu'elle demandoit. Elles furent fusillées avant elle, sous ses yeux, et la mère aussitôt après elles.

J'ai avancé plus haut que M. et Mme Saillant avoient passé la Loire avec l'armée catholique et qu'ils avoient été pris avec leurs demoiselles et conduits dans les prisons. Une parente vient à l'instant de me raconter la manière de leur arrestation et ce qui y donna lieu. Voici le fait :

Avant l'entrée de l'armée royale et catholique à Saumur, il y avoit de la troupe comme dans toutes les villes qui environnoient la Vendée et qui étoit logée chez les habitans. M. Saillant passant pour être fort à son aise, on lui donna un officier. Quoique sa façon de penser fût différente de celle de M. Saillant et de toute la maison, il étoit cependant honnête envers eux. Ils vivoient et mangeoient ensemble et on avoit de la confiance en lui. L'armée royale et catholique s'étant emparée de Saumur, l'officier républicain fut obligé de disparoître avec toute sa troupe. Il revint lorsque l'armée catholique eut évacué Saumur et ne trouva plus M. Saillant, ni Madame son épouse et ses demoiselles, mais seulement une tante très âgée qui gardoit la maison. M. Saillant étoit passé dans la Vendée avec Madame son épouse, trois de leurs demoiselles, une d'environ 28 ans, la seconde de vingt-quatre et la troisième de quinze à seize. Peu de tems après la plus jeune tomba malade et mourut[1]. L'officier paroissoit s'intéresser au sort de cette respectable famille. Il questionnoit la tante pour savoir où elle pouvoit s'être réfugiée. La tante, qui avoit confiance en lui, lui déclara le lieu de leur demeure et il paroît que c'étoit après le passage de la Loire. Il trouva le moyen de parvenir à les découvrir. Il les trouva

---

[1] S'il est est vrai qu'une des demoiselles Saillant, âgée de 15 ans, soit morte avant le passage de la Loire, celles-ci étaient donc quatre au départ de Saumur, puisque nous en retrouvons trois détenues avec leur mère à la prison du Calvaire au mois de pluviôse.

dans un dénûment extrême. Il leur offrit ses services et, comme ils comptoient sur sa probité, ils acceptèrent ses offres et lui découvrirent l'endroit où il pouvoit trouver l'argent dont ils avoient besoin. Il partit sur le champ pour Saumur et descendit à la maison de M. Saillant. Il fit part à la tante de la commission qu'on lui avoit donnée. Celle-ci n'hésita pas à lui faire connoître toutes les caches. Il prit tout l'argent qu'il trouva dans une cassette et tout ce qu'il y avoit de plus précieux en argent et en effets, et, au lieu de les porter à M. et Mme Saillant d'Épinard qui s'y attendoient, il vint à Angers, les dénonça au Comité révolutionnaire qui de suite donna des ordres pour aller s'en saisir et les ramener dans les prisons d'Angers. M. Saillant fut conduit dans les prisons royales et son épouse avec ses deux demoiselles au Bon-Pasteur et ce fut de ces prisons qu'on les conduisit toutes au martyre dont j'ai parlé plus haut [1].

[1] Après le passage de la Loire, M. Saillant et sa famille s'étaient séparés des Vendéens. Ils avaient rencontré à Ingrandes un officier républicain, qu'ils connaissaient d'avance sans doute. Celui-ci, M. Ch..., adjudant-général à la suite de l'armée, voulut sauver la famille Saillant et emmena avec lui le mari jusqu'à l'Hôtellerie-de-Flée où il le confia au curé constitutionnel de cette commune, M. Eustache Deschamps, en lui remettant une commission pour acheter des chevaux dans le pays. Il avait remis aussi à Ingrandes, le 25 octobre, aux dames Saillant, un laissez-passer pour aller rejoindre leur mari et père. La famille Saillant resta plusieurs mois dans cet asile. Mais le 23 nivôse an II, une lettre anonyme, adressée à l'un des membres du comité révolutionnaire d'Angers, dénonça sa retraite. M. Saillant, sa femme et ses filles furent arrêtés avec le curé Deschamps. Bien que celui-ci produisît le laissez-passer délivré aux dames Saillant et des pièces établissant qu'il avait bien fait à sa municipalité la déclaration exigée par la loi des personnes logées chez lui, il fut conduit à Angers et déposé à la citadelle. Le 22 pluviôse il subit un interrogatoire devant les commissaires recenseurs des prisons.

« 35. Eustache Deschamps, âgé de 35 ans, né à Château-Gontier, prêtre et ex-curé constitutionnel de l'Hôtellerie-de-Flée, arrêté par des citoyens, il y a un mois et plus ; sa maison servit de retraite au père, à la mère et aux trois filles Saillant pendant environ deux mois ; il ne croyait pas faire mal, alors qu'il croyait servir l'humanité souffrante dans la famille Saillant ; Ch..., adjoint au

Ce même jour, 1er février, deux respectables sœurs, dont je n'ai pas pu me procurer les noms, étoient liées et attachées ensemble et alloient au champ dit des martyrs pour y être massacrées comme les autres. L'une pleure et s'afflige de terminer ainsi ses jours, l'autre la rassure et la console en lui faisant envisager le bonheur qui les attend. Elle l'exhorte à faire à Dieu le sacrifice de sa vie et à la lui offrir en punition de ses péchés passés. Cependant elle ne croit pas avoir assez de courage pour voir le fer meurtrier qui doit terminer sa vie. « Tranquillisez-vous, ma sœur, lui dit-elle, j'ai un mouchoir et je me charge de vous bander la vue. » Aussitôt elle revient à elle-même et profite du peu de tems qui lui reste pour se préparer à paroître devant son juge et son Dieu et pour le prier de lui pardonner son manque de courage et de soumission à sa sainte et divine volonté[1]. Que de traits héroïques j'aurois à rapporter s'il m'avoit été donné d'assister et d'entendre toutes les conversations chrétiennes de ces respectables victimes de la religion. Qu'ils seroient bien propres à soutenir les faibles et à les encourager dans l'accomplissement de leurs devoirs.

général Aulanier, l'excita à renvoyer la famille Saillant ; a ajouté avoir toujours pensé à bien, et pourtant il sait aujourd'hui qu'il a hébergé des scélérats, des ingrats envers la patrie ; il a encore dit que la famille Saillant avait été arrêtée chez lui par la gendarmerie à la première époque dite, il a connu la famille Saillant quand il était vicaire à Cizé. Royer de Chantepie était curé.

Le curé Deschamps ne semble pas avoir été condamné. Peut-être mourut-il en prison. C'est sans doute avant d'envoyer la lettre anonyme du 23 nivôse, portant le timbre de la poste de Segré, dont l'écriture offre de grandes ressemblances avec celle du laissez-passer délivré par lui aux dames Saillant, le 25 octobre, que le citoyen Ch.... aura engagé le curé Deschamps à renvoyer la famille Saillant pour ne pas se trouver compromis si celle-ci était arrêtée chez lui. Ces détails, extraits des pièces qui existent au dossier de M. Saillant, semblent confirmer, au moins en partie, le récit reproduit par M. le curé Gruget.

[1] Sans doute Mathurine Babin, fille, âgée de 31 ans, née à Gonnord, et Jeanne Menars, fille, âgée de 16 ans, également née à Gonnord, toutes les deux sœurs hospitalières de ladite paroisse, interrogées le 5 pluviôse à la maison du Calvaire (nos 20 et 23), dont les noms sont en effet marqués en marge de la lettre F.

Cette exécution finie, on s'occupa ensuite d'aller dans les hôpitaux visiter les sœurs qui n'avaient point prêté le serment. Les membres du tribunal révolutionnaire et de la municipalité se relevaient pour aller les engager à le prêter. Ils ne manquaient pas de leur rappeler l'exemple des deux respectables sœurs Marianne et Odille qui venaient d'être immolées pour l'avoir refusé. Ils ne se donnaient pas de relâche pour réussir à les faire succomber. On en voulait surtout aux Sœurs de l'Hôtel-Dieu et à celles de l'hôpital général qui étoient encore dans leurs maisons, ainsi qu'à Mme Ciret, supérieure des Incurables [1], et à toutes ses compagnes. Partout ils éprouvoient les mêmes résistances, mais ils ne se rebutoient pas. Ils employoient les promesses, les caresses et les menaces ; mais les menaces, les promesses et les caresses ne faisoient aucune impression sur les âmes fortes et courageuses. A tout ce qu'on leur disoit elles ne répondoient rien autre chose, sinon qu'elles étoient prêtes et disposées à souffrir tout, la mort même s'il le falloit, plutôt que de condescendre à leurs désirs impies et criminels.

Les Sœurs de l'Hôtel-Dieu et de l'Hôpital général ayant fait demander un passe-port pour s'en retourner dans leurs familles : « Dites-leur, répondit-on au commissionnaire, que si elles persistent à refuser le serment, on leur en donnera un pour aller au Calvaire et au bois des Bons-Hommes », c'est-à-dire au Champ des Martyrs. On ne sortoit, en effet, du Calvaire que pour aller à la mort [2].

---

[1] Perrine Ciret, âgée de 69 ans, née à Saint-Ellier, supérieure de l'hôpital des Incurables, interrogée le 11 germinal à la prison du Calvaire, condamnée à la déportation le 3 floréal.

[2] Le 18 germinal an II, dix sœurs hospitalières de l'hôpital Saint-Jean, et parmi elles la supérieure, Antoinette Taillade, interrogées le 15 germinal aux Pénitentes, adressent une pétition au Comité révolutionnaire pour demander qu'on les rende à leurs fonctions, ou que tout au moins, si on persiste à se priver de leurs services, on leur permette de rentrer dans leurs familles. Six autres sœurs du même hôpital, détenues au Calvaire, déclarent, par une pétition séparée, se joindre à la demande de leurs collègues. Enfin

Cependant nos bourreaux, fatigués des massacres de la veille, crurent devoir se reposer le dimanche 2 février, jour de la Purification. A coup sûr, ce n'étoit pas la sainteté du jour qui les arrêtoit, mais seulement la fatigue qu'ils venoient d'éprouver à massacrer leurs semblables. Ils ne furent pas longtems oisifs et il est à croire qu'ils méditoient quelques nouveaux massacres. En effet, le mardy 4 février, ils condamnèrent à mort un officier républicain qui fut exécuté dès le soir même [1], M. Philippe-Joseph Tabary, natif d'Arras, adjudant-général d'une de leurs armées. On le croyoit de condition et il étoit accusé d'avoir trahi parce qu'il avoit été battu par les royalistes de la Vendée, ce qui leur arrivoit assez souvent.

Le mercredy 5 février suivant fut employé à examiner l'affaire de M. Michel Rapet-Desroches, natif de la ville de Nantes, commandant de la garde nationale de Sainte-Gemmes-sur-Loire, et de M. Joseph Perrault, natif de Autricourt, département de la Côte-d'Or, employé dans les hôpitaux à Saumur, qui furent l'un et l'autre condamnés à mort et exécutés le lendemain jeudi 6 février.

Le jugement de ces trois officiers et l'arrestation de plusieurs bons patriotes de la ville d'Angers, mais surtout l'acharnement avec lequel on poursuivoit M. Couraudin de la Noüe, président du district d'Angers, M. Brevet de Beaujour, député à l'Assemblée constituante et alors conseiller du département, M. La Revellière, procureur de la municipalité et ensuite président du département, M. Louis de Dieusie, député à l'Assemblée constituante par la noblesse

deux autres réclament leur mise en liberté immédiate, n'ayant pas encore prononcé de vœux et ne pouvant par conséquent être astreintes au serment. M. Trotouin a apostillé leur demande et constate « que la propreté qui règne dans la maison d'arrêt du Calvaire est uniquement le fruit de leurs soins qui ont chassé l'air pestilentiel qui y régnait, lequel a moissonné plusieurs patriotes, savoir trois concierges, deux administrateurs, les deux porteurs des morts, et rendu malades tous les administrateurs, administratrices, médecins et autres ».

[1] Le 15 pluviôse, 3 février, suivant le registre des jugements de la Commission militaire.

d'Anjou et depuis président du département, M. Tessier du Closeau, médecin et membre du Conseil du département, M. Maillocheau, médecin à Angers, et M. Despugeols, maître d'armes, aussi demeurant à Angers, tous les sept bien connus par leur attachement aux principes qui existoient alors, fit ouvrir les yeux à tout le monde. Chacun craignoit pour soi. On se plaignoit qu'on jugeoit trop légèrement et qu'on condamnoit à mort des innocens sans les entendre et apporter les précautions nécessaires pour connoître les coupables. Le tribunal avoit alors entre les mains la liste de tous ceux qui avoient demandé un gouvernement fédératif. Cette liste étoit considérable. Il y avoit des membres de la municipalité, du département et de toutes les autorités qui existoient alors. Il ne se cachoit pas de dire qu'ils étoient destinés à la guillotine. Ce fut alors qu'on cessa de payer des gens pour crier vive la république à chaque tête qui tomboit et que les membres du tribunal révolutionnaire se chargèrent de cette horrible commission, dont ils s'acquittèrent bien exactement dans la suite.

Mais ils avaient bien d'autres victimes dont ils voulurent se débarrasser. Le lundi 10 février, fête de sainte Scholastique, patronne des religieuses du Calvaire, fut choisi pour cette exécution sanguinaire. Deux cents personnes, tant hommes que femmes, la plus grande partie de femmes prises dans les communautés du Calvaire, du Bon-Pasteur et des prisons de la ville, furent saisies et attachées deux à deux pour être conduites au champ dit des Martyrs. Vingt personnes ou environ avoient été arrêtées la veille, dans leurs foyers, sans autre crime que d'être aristocrates, c'est-à-dire catholiques, et immolées avec les autres. M. Trotouin, qui les connoissoit pour n'être coupables d'aucun crime, ne put s'empêcher de s'en plaindre hautement quand il les vit attachées avec les autres pour être conduites au bois des Bons-Hommes pour y être massacrées. Aussi fut-il pris et conduit devant le tribunal révolutionnaire pour y rendre compte de sa conduite. Il ne nia pas ce qu'il avoit dit. Il témoigna même sa surprise et son indignation de ce qu'on faisoit mourir tant de personnes sans aucun crime et sans jugement préalable. Comme c'étoit le moment où l'on commençoit à se plaindre, les juges voyant que les esprits s'échauffoient et s'indignoient de leur conduite atroce, le renvoyèrent chez lui après un jour seulement de prison[1].

On assure même que plusieurs personnes qui avoient été prises dans leurs maisons, s'y croyant en sûreté, n'ayant rien à se reprocher, arrivèrent à la prison au moment qu'on attachoit les victimes qu'on destinoit au massacre et qu'à l'instant un agent du tribunal révolutionnaire, qu'on croit être un nommé Colas, homme de confiance de ce tribunal de sang, homme vendu à tous les crimes, les prit et les força de se mettre en rang avec les autres et qu'il les attacha deux à deux et qu'ils furent martyrisés avec les autres.

Ce fait, qui m'a été certifié par des témoins dignes de foi, ne servit pas peu à M. Proust, apothicaire, et qui est encore existant, pour inspirer de la haine contre les auteurs de ces massacres, quand il se récria contre eux à l'occasion de ces Messieurs dont j'ai parlé cy-dessus et dont il prit la défense.

En effet, les têtes s'échauffèrent et les esprits s'animèrent, les membres de la commission militaire furent suspendus

---

[1] Le 21 pluviôse an II, le citoyen Trotouin, administrateur de la maison d'arrêt du Calvaire, ayant exprimé hautement son indignation au sujet de la fusillade qui avait eu lieu deux jours auparavant, fut arrêté par un citoyen Desmarchais, maréchal-des-logis de la 35° division de gendarmerie, qui le conduisit au Comité révolutionnaire, sur les 10 heures et demie du soir. Le membre du Comité, chargé ce jour-là de la permanence, maintint l'arrestation. Le lendemain, M. Trotouin fut interrogé en présence des autres membres du Comité. Ceux-ci ordonnèrent qu'il fût mis en liberté immédiate : « Considérant qu'aucune autre dénonciation par écrit n'est parvenue au Comité que celle du citoyen Desmarchais ; que cette dénonciation est plutôt à la charge de la Commission militaire que dudit Trotouin ; qu'il résulte enfin de l'interrogatoire dudit Trotouin que les propos

de leurs fonctions pendant deux jours[1]. On parloit déjà de faire leur procès et de reviser tous les jugemens de mort qu'ils avoient portés si légèrement, afin, disoit-on, de ne pas priver les familles de ceux qui étoient morts innocens des biens qui devoient retourner et tomber à la nation d'après les décrets de la Convention. Le sieur Bodin, commissaire alors du pouvoir exécutif, et le sieur Proust parlèrent au club avec beaucoup de force contre toutes les cruautés qui se commettoient et contre la barbarie avec laquelle on traitoit MM. Couraudin de la Nouë, Brévet de Beaujour, La Revellière, de Dieusie, Tessier du Closeau, Maillocheau et Despugeols. On ne pouvait pas concevoir qu'on les traitât avec tant de rigueur après tout ce qu'ils avoient fait pour la patrie. Ils vantoient tout ce que la ville d'Angers avoit fait, les soins qu'ils s'étoient donnés pour faire exécuter les décrets de l'Assemblée contre les prêtres, comment même ils les avoient prévenus en les incarcérant sans aucun ordre de l'Assemblée, mais seulement dans l'espérance qu'elle en seroit satisfaite, etc...

Il fut question même d'envoyer des députés à la Convention pour obtenir le sursis de jugement de tous ces Messieurs, et pour se plaindre de la légèreté avec laquelle on faisoit mourir tant de bons patriotes.

On regretoit surtout les deux officiers qui venoient d'être condamnés à la mort. C'étoit un prétexte dont on se servoit, car ils craignoient qu'on en vint à eux. Tous les jours ils entendoient dire que tous ceux qui avoient signé la pétition que M. Couraudin avoit présentée à la Conven-

qu'il est dénoncé avoir tenus contre la Commission militaire ne suffisent pas pour priver un citoyen de sa liberté ». Le Comité approuve en outre la conduite du membre en permanence et arrête que la dénonciation du citoyen Desmarchais et l'interrogatoire de Trotouin seront envoyés officiellement à la Commission militaire avec son arrêté en date de ce jour.

[1] Nous n'avons trouvé aucune trace de cette suspension. Nous constatons seulement que du 18 pluviôse au 2 ventôse la Commission militaire tint une seule séance, le 24, pour mettre quatre femmes en liberté.

tion devoient être arrêtés, leur procès être fait, et de suite condamnés à la mort, et on faisoit monter à près de quinze cents le nombre des bons patriotes de la ville qui l'avoient signée. D'après cela, chacun craignoit pour soi; M. Proust, et bien d'autres, avoient lieu de craindre et de trembler pour eux.

Cependant la commission militaire, c'est ainsi qu'on la nommait alors, ne tarda pas à être remise en ses droits. Elle tint ses séances comme de coutume. M. Proust se chargea d'être le défenseur des accusés. Les juges alors mirent un peu plus d'attention dans leurs jugemens, ils ne parurent pas si précipités. Ils n'étoient plus juges et accusateurs, et quoiqu'ils les eussent fait venir d'Amboise, où ils étaient détenus, à dessein de les faire mourir, qu'ils s'en fussent même expliqué avant de les entendre, ils n'osèrent prendre sur eux de les condamner à la mort dans la crainte de s'attirer de nouveaux ennemis. Ils les renvoyèrent à leurs frères et amis de Paris qui n'avoient pas les mêmes raisons de redouter et de craindre les habitans d'Angers, et bien assurés qu'ils ne reviendroient pas. Ce qui arriva. Ils ne furent pas plutôt arrivés à Paris qu'on les mit en jugement et condamnés à la mort, excepté M. Maillocheau [1].

Nos juges n'eurent pas les mêmes ménagemens pour M. Pinot, curé du Louroux. On savoit que ce saint et respectable curé étoit rentré dans sa paroisse lorsque l'armée royale et catholique avoit fait son entrée à Angers, le 17 juin 1793, qu'il y avoit prêché, confessé et exercé toutes les fonctions de son ministère. On présumoit qu'il n'en étoit pas sorti et on ne se trompoit pas.

Quoiqu'il se tint caché, et quelque soin que les fidèles

[1] Jugement du 9 ventôse an II. Les accusés, transférés à Paris, furent traduits le 26 germinal devant le tribunal révolutionnaire. MM. J.-B. Larévellière, Brevet de Beaujour, Couraudin de la Noue, de Dieusie et Tessier du Closeau furent condamnés à mort. MM. Maillocheau et Despugeols furent acquittés.

de sa paroisse pussent mettre à le soustraire à la fureur des méchants, il ne fut pas possible d'empêcher que quelques-uns en eussent connoissance. On avoit déjà fait des recherches à plusieurs fois différentes pour le trouver, mais toujours inutilement. Enfin, soit trahison, soit imprudence de la part des fidèles, soit trop de zèle de sa part, les méchants réussirent à découvrir l'endroit où il se tenoit caché. Aussitôt cinquante hommes des plus acharnés à sa perte furent commandés pour aller s'en saisir. M. Pinot en ayant été averti chercha à s'évader. Il emporte avec lui ses ornemens d'église; mais ce fut en vain, on l'aperçut qui cherchoit à s'enfuir, on courut après et on le trouva dans une maison où il s'étoit réfugié. On s'en saisit sur-le-champ, on le lie, on le garotte et, dans cet état, on le conduit dans la prison d'Angers, avec tous ses habits et ses ornemens d'église [1].

Il y avoit dans la maison où il s'étoit réfugié deux respectables sœurs, Mme de Lancreau et Mme Le Beau; on s'en empare également et on les conduit dans la maison du Calvaire. Elles s'étoient retirées à la campagne. Elles y étoient même déguisées, pensant par là se soustraire aux recherches qu'elles savoient qu'on faisoit d'elles et de toutes les personnes honnêtes. Il n'est pas de persécutions que ces deux respectables dames n'aient éprouvées de la part des méchants. Toute leur vie avoit été remplie de bonnes œuvres en tout genre. Elles ne trouvoient de plaisir qu'à obliger. Elles en saisissoient l'occasion avec le plus grand empressement quand elle se rencontroit et ceux et celles qu'elles ont obligés, ainsi que leurs vertueux et respectables époux, ont été les plus ardens à leur susciter les plus horribles traitemens. L'une et l'autre ont été

---

[1] V. Hippolyte Sauvage, *Un canton de l'Anjou sous la Terreur et durant la guerre de la Chouannerie*. Ce petit ouvrage donne des détails très étendus sur les circonstances qui accompagnèrent l'arrestation de M. Pinot.

pillées, incendiées dans leurs châteaux et outragées de la
manière la plus cruelle. Elles furent donc conduites l'une
et l'autre au Calvaire, où elles étoient à toutes les respectables personnes qui y étoient détenues un modèle de dou-
ceur, de patience, et de toutes les vertus chrétiennes [1].
Malgré toutes les misères qu'elles eurent à éprouver, le
ciel a veillé sur leurs jours et les a conservées pour être la
consolation de leurs enfans et l'édification des personnes
qui ont l'avantage de les connoître.

M. Pinot, curé du Louroux, fut donc conduit dans les
prisons, comme je l'ai déjà dit. C'étoit pour la seconde fois
qu'il y rentroit et toujours pour sa foi. Il y avoit été mis
dans le mois de mars 1791, pour avoir osé s'expliquer en
chaire contre le serment qu'on lui demandoit alors et à
tous les prêtres. Il fut pour cela condamné à s'éloigner de
huit lieues de sa paroisse. M. Choudieu, alors procureur
et avocat du roi, mécontent de ce jugement et le trouvant
trop léger, rappelle de cette sentence. Les lois et les décrets
laissoient à M. Pinot la liberté de choisir son tribunal. Il
choisit celui de Beaupréau. Il y fut conduit. La sentence y
fut confirmée, au grand étonnement des honnêtes gens.
Mais il le désiroit, dans la crainte qu'on ne vint encore

---

[1] Madame Augustine Goddes de Varennes, épouse de M. Pissonnet
de Bellefonds de Lancrau, est interrogée le 14 germinal, au Calvaire
(n° 310). Elle dit être âgée de 35 ans et être réclamée par les habitants de sa commune. Son nom est cependant marqué d'un G. Mais
la réclamation des habitants de Chantocé (où était situé le château
de Lancrau), faisant de sa charité le plus touchant éloge, détermina
sans doute la Commission militaire à l'épargner. (V. C. Port, *Dictionnaire de Maine-et-Loire*. V° Lancrau). Son mari était mort dans
les prisons de Doué le 23 frimaire précédent.

Mme Marie Pissonnet de Bellefonds, âgée de 36 ans, ci-devant noble,
épouse de M. Marie-René-Michel Le Bault, émigré, domiciliée à Soulaines, est interrogée à son tour, le 16 germinal, dans la même prison (n° 362). Aucun signe n'est inscrit en face de son nom.

Rien n'indique que ces deux dames aient été arrêtées au Louroux-
Béconnais, comme le dit M. l'abbé Gruget, ou dans les environs.
Elles disent même, dans un premier interrogatoire subi le 19 pluviôse (n°* 26 et 27), avoir été arrêtées au Lancrau, commune de
Chantocé, deux jours auparavant. Ces dames furent mises en
liberté provisoire, le 26 brumaire an III, par ordre du Représentant
du peuple Bézard.

à rappeler de la sentence et à le conduire à Orléans ou ailleurs, et de se voir, par là, hors d'état d'être utile à son troupeau. Pendant tout le tems de sa détention, il n'eut qu'à se louer des juges de Beaupréau et de tous les habitans. Chacun s'empressoit d'aller l'y visiter et de lui porter les secours dont il avoit besoin. On l'y regardoit comme un confesseur de la foi et, quand il fut sorti de prison, chacun s'empressoit de l'avoir chez soi et de pourvoir à tous ses besoins. Sa prison étoit dans le château, et Mme la Maréchale avoit donné des ordres pour qu'il ne manquât de rien, et ses ordres étoient fidèlement exécutés[1]. Étant caché avec lui dans le mois d'août 1791, je lui ai souvent entendu dire qu'il n'avoit jamais passé de tems plus agréablement que pendant le tems qu'il étoit en prison dans le château de Beaupréau.

La première fois qu'il fut prit chez lui pour être conduit dans les prisons d'Angers, dans les premiers jours du Carême 1791, on donna à son entrée dans la ville d'Angers tout l'appareil possible. On fit en sorte d'arriver au milieu du jour, un samedy, jour de marché, afin que tout le monde pût le voir aisément. On avoit eu soin d'aposter de distance en distance, dans les rues, des personnes pour applaudir à la conduite infâme qu'on tenoit à son égard. Nos autorités d'alors furent trompées dans leur attente. La consternation étoit peinte sur le visage de toutes les âmes honnêtes et sensibles et, grâce à Dieu, il y en avoit dans ce temps-là comme il y en a encore aujourd'hui.

La seconde fois qu'il fut pris dans sa paroisse pour être conduit en prison et de là à l'échafaud, on n'oublia rien aussi pour rendre son entrée humiliante. Ses conducteurs, qui étoient sans doute ses paroissiens, après lui avoir fait éprouver les plus mauvais traitemens sur la route, le revêtirent de sa soutane avant de le faire entrer en ville et

[1] Françoise-Adelaïde-Rosalie de Scépaux, veuve du maréchal d'Aubeterre, mort en 1789.

le conduisirent ainsi de suite à la commission militaire.
On lui mit son bonnet carré sur la tête, afin qu'il fût mieux
connu pour prêtre et, dans cet état, on lui fit traverser
toute la ville, au milieu des cris de mort de la part des
âmes viles qui étoient sur son passage, tandis que les véri-
tables chrétiens étoient navrés de douleur. De la commission militaire il fut sur-le-champ conduit dans les prisons.
C'étoit le lundi 10 février 1794 qu'il avoit été arrêté dans
sa paroisse, et ce fut le même jour qu'il fut conduit en
prison.

Comme on étoit extrêmement satisfait de cette capture
qu'on regardoit comme bien essentielle, on prit tous les
soins et toutes les mesures pour qu'il ne pût échapper. Il
fut de suite jeté dans un cachot avec défense de le laisser
communiquer avec personne et de ne lui donner qu'un peu
d'eau et de pain pour sa nourriture.

Ce fut alors que notre saint pasteur ressentit toute la
joye qu'il avoit de se voir traité et humilié comme son
divin maître. Il ne voulut pas passer les ordres qu'on avoit
donnés à son geôlier. Il ne voulut rien recevoir absolument
de ce que la charité lui faisoit passer. Il passoit tout son
tems à pleurer ses faiblesses passées et se préparer à
paroître devant son Dieu en qui il mettoit toute sa confiance.

Ce qu'on ne peut assez admirer, c'est que la Providence
permit qu'un de ses juges, qui étoit président du tribunal
qui le condamna à deux ans d'exil de sa paroisse, il y avoit
trois ans, en 1791, étoit détenu lui-même dans les prisons
du château, et qu'on travailloit aussi à faire son procès.
Tant il est vrai que les jugemens de Dieu sont incompré-
hensibles. On espéroit même un peu pour lui, car c'étoit
dans le même tems que la commission avoit été suspendue
de ses fonctions et qu'on étoit occupé à sauver M. Couraudin
et ses confrères. On espéroit qu'il pourroit aussi se trouver
quelques âmes charitables et bienfaisantes qui s'intéresse-

roient à son sort. Mais M. Pinot, curé du Louroux, étoit trop vertueux pour qu'on s'intéressât à lui.

En effet, dès que nos juges eurent repris leurs fonctions et qu'ils eurent renvoyé à Paris M. Couraudin et ses associés pour y être jugés, ils s'occupèrent aussitôt du jugement de M. Pinot, curé du Louroux [1]. Son procès ne traîna pas en longueur, personne ne se présentant pour prendre sa défense. Le vendredy matin, 21 février 1794, il comparut devant eux. Après quelques questions aussi impertinentes les unes que les autres, et après avoir vomi des blasphèmes contre Dieu et la religion, il fut condamné à la mort. « Tu serois bien aise, lui dit le président, de monter à l'échafaud habillé en prêtre. — Oui, lui répondit-il, vous ne pouvez me faire un plus grand plaisir. — Eh bien, lui répondit le juge, tu y monteras. »

Il étoit environ une heure quand la sentence fut prononcée et, à quatre heures de l'après-midy, il fut conduit au supplice pour être guillotiné. Avant de le faire mourir, on lui fit prendre sa soutane, un amict, une aube, le cordon, le manipule, l'étole et la chasuble, en un mot habillé comme pour offrir le saint sacrifice de la messe. Au lieu de le conduire directement de la prison au lieu de la guillotine, on lui fit faire une procession, afin d'inspirer davantage du mépris et pour la religion et pour ses ministres. On le fit passer par la rue des Poëliers, la rue Saint-Laud et les autres rues qui conduisoient à la guillotine.

Cette manière d'orner les victimes pour être conduites au supplice fit impression sur l'esprit même des patriotes. Plusieurs reculèrent d'horreur en le voyant passer devant leurs maisons. Ils étoient saisis d'horreur à ce spectacle et se tenoient renfermés chez eux. M. Pinot se félicitoit au

---

[1] M. Couraudin de la Noue et ses co-accusés furent jugés seulement le 9 ventôse (27 février), cinq jours après M. Pinot, condamné à mort le 3 ventôse.

contraire d'avoir quelque ressemblance avec son divin
maître. Les Juifs avoient couvert notre divin sauveur d'un
manteau escarlate et mis sur sa tête une couronne d'épines
et dans ses mains un roseau en dérision de sa royauté, et,
en dérision de la religion, M. Pinot fut conduit au supplice
revêtu de ses ornemens sacerdotaux. Ce spectacle amusoit
infiniment ses juges, autant qu'il affligeoit les âmes ver-
tueuses et honnêtes. Ils ne manquèrent pas de se trouver
comme à l'ordinaire au moment qu'il montoit à l'échafaud
pour engager les âmes viles à applaudir par les cris et les
hurlemens dont ils donnoient l'exemple à ce nouveau genre
de mort, comme faisoient autrefois les payens quand ils
martyrisoient les chrétiens. Arrivé sur l'échafaud, on lui
ôta cependant la chasuble, parce qu'elle auroit pu gêner le
bourreau. On lui laissa les autres ornemens et il eut la
consolation de recevoir la couronne du martyre dans cet
état. Il faut espérer que l'église un jour en célébrera la
fête et que les fidèles de ce diocèse auront en lui un puissant protecteur auprès de Dieu, mais surtout ses bons
paroissiens qui lui sont demeurés constamment attachés [1].

Parmy les victimes qui ont été massacrées dans le champ
dit des Martyrs j'ai oublié à citer deux respectables personnes, Mlle Doyen [2], de la Haye-Longue, paroisse de Saint-
Aubin-de-Luigné, et Mlle Cady, de Rochefort-sur-Loire.
Toutes les deux se rendoient recommandables par leur
rare piété et par les services qu'elles rendoient dans le
pays qu'elles habitoient. Elles étoient infiniment attachées

[1] 3 ventôse an II.
[2] Prisons du Calvaire, séance du 11 pluviôse, « 38, Perrine Doyen,
âgée de 39 ans, née commune de Saint-Aubin-de-Luigné, fille, exploi-
tant son bien, ayant avec elle une domestique qui vient d'être enten-
due, arrestée chez elle, le 6 de ce mois, par des citoyens, aussi
fanatiques que les deux précédentes interrogées, et n'a point voulu
répondre, et encore une fois elle s'est obstinée à garder le plus pro-
fond silence, et cependant a dit qu'elle pourrait se faire réclamer
par des citoyens de sa commune (en marge) F. Les deux précédentes
interrogées sont Perrine Parent, âgée de 21 ans, domestique de
Mlle Doyen, et sa sœur, Jeanne Parent, âgée de 25 ans.

à la religion et à la royauté. Il n'en falloit pas davantage pour les rendre suspectes à nos républicains. Aussi ne manquèrent-ils pas de les dénoncer comme des personnes infiniment dangereuses au gouvernement qu'on vouloit établir. Ils se saisirent d'elles et les emmenèrent dans la maison du Calvaire, et il y a apparence qu'elles furent du nombre de celles qui périrent dans la journée du 10 février 1794. Un particulier de la Haye-Longue, voisin de Mlle Doyen et qui par conséquent la connoissoit très bien, fut la trouver au Calvaire et, en l'abordant, lui proposa de la sauver. « A quelle condition, lui répondit fortement la vertueuse d^{lle} Doyen? — A condition, dit-il, que vous m'épouserez. » Le jeune homme pouvoit avoir vingt ans et la d^{lle} quarante. Si c'est à cette condition, lui répondit-elle, je ne sortirai pas et, s'il faut mourir, je saurai mourir, je ne veux pas d'autre époux que celui que je sers, j'ai mis ma confiance en lui et j'espère qu'il ne m'abandonnera pas.

Mlle Cady, âgée d'environ cinquante ans, n'étoit occupée à Rochefort qu'à faire de bonnes œuvres. Elle instruisoit les pauvres et elle visitoit et soignoit les malades. Il y a lieu de croire qu'elle étoit parente de MM. Cady qui commandoient avec distinction dans l'armée de la Vendée. Quand elle se vit au Calvaire, elle continua son même genre de vie. Elle soignoit les malades qui étoient dans cette maison et leur prodiguoit tous les secours dont ils avoient besoin. Elle étoit occupée à ces œuvres de charité lorsqu'on vint la prendre pour la conduire à la mort. Elle ne savoit où on la conduisoit. Elle s'en doutoit si peu qu'elle avoit encore devant elle le tablier dont elle se servoit pour soigner les malades, et elle ne s'en aperçut que quand elle étoit liée et garottée avec les autres qu'on conduisoit au massacre. Son sacrifice étoit fait depuis longtems et il lui en coûta peu pour le renouveler[1]. Toutes deux vivoient en

[1] Maison du Calvaire. Interrogatoires du 11 pluviôse. N° 7. Françoise Cady, fille âgée de 46 ans, née à Rochefort, domiciliée idem,

saintes dans leurs maisons. Je le sais de personnes qui
les ont connues et vécu avec elles.

Après ces massacres, qui eurent lieu dans le champ des
martyrs et qui furent les derniers[1], on s'occupa à tour-
menter les sœurs de l'Hôtel-Dieu, de l'Hôpital général et
des Incurables pour leur faire prêter le serment, et toutes
les démarches qu'on fit pour y réussir devinrent inutiles.
C'étoit surtout aux sœurs de Saint-Vincent à qui on en
vouloit davantage. Voyant qu'on ne pouvoit rien obtenir
d'elles, on les chassa de l'Hôtel-Dieu et on les conduisit
au Calvaire. On y conduisit aussi les autres sœurs des
autres hôpitaux qui s'y étoient refusées, on ne laissa que
celles qui avoient eu la faiblesse de le faire et, comme elles
n'auroient pas été suffisantes pour remplir les offices des
maisons, on leur associa des religieuses qui n'avoient pas
eu le courage de résister aux sollicitations. On les tint
quelque tems enfermées au Calvaire et ensuite on les conduisit dans les prisons royales. On leur associa les religieuses hospitalières de Beaufort, avec plusieurs autres de
ce département qui avoient tenu ferme et, dans le mois
d'avril, elles furent condamnées à être déportées à L'Orient[2].
Elles eurent beaucoup à souffrir dans les prisons et dans

---

sœur de charité, a refusé de prêter le serment constitutionnel. A été
deux ou trois fois à la messe des prêtres insermentés suivant l'armée
des rebelles, à Chalonnes, où était portion de cette armée (en marge) F.

[1] La fusillade du 22 pluviôse semble bien avoir été la dernière qui
ait lieu au Champ des Martyrs, en ce qui concerne les détenus interrogés dans les prisons par les commissaires recenseurs. Mais il y en
eut certainement une autre, le 27 germinal, pour l'exécution des
99 conspirateurs, tant hommes que femmes, condamnés à mort la
veille par la commission militaire. Le procès-verbal d'exécution,
transcrit à la suite du jugement, constate que les juges se sont trans-
portés, non plus cette fois sur la place du Ralliement, où était installée la guillotine, mais « au lieu destiné pour l'exécution » sans
autre désignation. Et il eût été surprenant qu'on eût choisi pour
cette hécatombe un autre lieu que le Champ des Martyrs qui avait
déjà été le théâtre d'une semblable exécution le 23 nivôse précédent.
V. au sujet de cette fusillade l'ouvrage de M. Godard-Faultrier sur
le Champ des Martyrs, 4e édition, pages 181 et s.

[2] Jugement du 3 floréal.

leur voyage jusqu'à L'Orient. On ne s'attendoit pas qu'on se fût donné la peine de les conduire jusque-là. On savoit ce qui étoit arrivé aux prêtres. On s'attendoit qu'on leur en feroit autant. Toutes, sans exception, avoient fait le sacrifice de leur vie dès les commencemens et étoient prêtes à donner leur vie et à répandre leur sang pour Jésus-Christ. Dieu s'est contenté de leurs sacrifices et les a réservées pour servir à retenir celles qui étoient tombées et à édifier les personnes qui ont été les témoins de leur bonne conduite par tous les endroits où elles ont passé[1]. Quand les passions ont été plus calmes et les esprits plus éclairés, on a senti les torts et les injustices où on s'étoit laissé aller envers ces respectables sœurs et religieuses hospitalières. On s'est empressé de les prier de vouloir bien revenir reprendre leurs places qui étoient si mal occupées. Alors on oublioit les mauvais traitemens qu'on leur avoit faits. Elles ont tout quitté pour se rendre à leur poste et pour réparer autant qu'il étoit en elles les dégâts et les déprédations qu'on avoit fait dans leurs maisons pendant leur absence.

La Commission militaire cessa ses massacres, mais elle ne cessa pas pour cela ses jugemens de mort. Tous les jours, ou presque tous les jours, il y en avoit quelqu'uns conduits à l'échafaud[2]. La guillotine étoit toujours en per-

[1] Sept sœurs hospitalières de l'hôpital Saint-Jean interrogées le 15 germinal au Calvaire, onze autres interrogées le 17 aux Pénitentes et onze sœurs de l'Hôpital-général interrogées le même jour au Bon-Pasteur, ont eu leurs noms marqués d'un F sur les feuilles d'interrogatoires. Mais l'impression pénible causée dans le public par l'exécution des sœurs Marianne et Odile fit réfléchir. On se contenta de traduire ces vingt-neuf sœurs avec un certain nombre de religieuses détenues au Grand Séminaire devant la Commission militaire qui se borna à les condamner à la déportation, au nombre de 97, le 3 floréal an II.

[2] La Commission militaire, présidée par le citoyen Félix, fut dissoute par arrêté des Conventionnels Hentz et Francastel en date à Tours du 10 floréal an II. Elle tint sa dernière séance le 20 de ce mois. Aux termes de l'arrêté de dissolution, les prévenus de conspiration devaient être envoyés au tribunal révolutionnaire de Paris et les brigands de la Vendée aux Commissions militaires de Nantes

manence et lors même que Robespierre eut payé de sa tête
tous les crimes qu'il avoit commis, ou par lui ou par ses
agents, on ne cessa pas pour cela d'en condamner à la
mort. Ce ne fut que le 14 octobre 1794, veille de la fête de
sainte Thérèse, fondatrice des Carmélites, qu'on cessa de
guillotiner. Et il est à remarquer que la clôture se fit par
M. Langélery, prêtre et aumônier des Carmélites. Il venoit
d'administrer Mme veuve de la Bénardière qui avoit demandé
un prêtre catholique dans sa maladie dont elle mourut
quelques jours après. Il s'en retournoit dans la maison où
on lui donnoit l'hospitalité. Il fut reconnu par un habitant
de la Magdeleine qui crut faire une chose agréable à la
république de l'arrester et de le conduire en prison. Il n'y
fut pas longtems. La Commission militaire le cita aussitôt
à son tribunal. Elle le condamna à mort et, dès le soir
même, il fut exécuté. C'étoit un prêtre très vertueux, qui
avoit bien l'esprit de son état et qui n'étoit occupé qu'à
remplir ses obligations.

Comme Monseigneur ne m'a chargé que de ce qui a
rapport aux différens massacres qui ont eu lieu dans le
champ dit des martyrs, je ne parlerai pas de tous ceux qui
ont péri sur l'échafaud depuis la fin des massacres. Le
détail en seroit trop long. Il viendra un temps peut-être où
on sera bien aise de connoître tous ceux qui ont donné
leur vie et répandu leur sang pour leur Dieu et pour leur
roi. J'en ai fait des notes et je me ferai un grand plaisir
de les communiquer aux personnes qui voudront en faire

et de l'île de la Montagne (Noirmoutier). Les autres prévenus
devaient être traduits devant le tribunal criminel du département.
Mais celui-ci ne prononça guère qu'une dizaine de condamnations à
mort. Cinq de ces condamnés furent des prêtres poursuivis pour
s'être soustraits à la loi de déportation. Le 1er prairial, M. Delacroix,
curé de Saint-Macaire-en-Mauges ; le 22 messidor, M. Chabanel,
bénédictin, prieur de Lévières ; M. Pasquier, clerc tonsuré de Segré,
et avec eux trois jeunes filles, nommées Béron, qui avaient recueilli
M. Chabanel à la ferme de l'Épinardière, commune de Daumeray ;
le 7 fructidor, M. Fardeau, ci-devant vicaire de Briolay ; enfin, le
23 vendémiaire an III, M. Laigneau-Langellerie, ci-devant aumônier
des Carmélites.

l'histoire qui ne pourroit qu'être infiniment précieuse pour la religion. Je n'ai pu m'empêcher d'en citer plusieurs en faisant le détail des victimes qui ont péri dans le champ dit des martyrs, parce qu'il se trouvoit dans l'intervalle des respectables personnes qui étoient massacrées et je crois qu'on m'en saura gré.

Avant de terminer, je crois devoir parler des miracles qui se sont déjà opérés dans le champ dit des martyrs et des grâces que plusieurs personnes ont obtenues par leur intercession.

M. le curé d'Avrillé cite une femme d'Épinard qui a obtenu une guérison entière et parfaite. Cette femme étoit infirme depuis longtems de tous ses membres. Elle ne pouvoit faire usage ni de ses pieds ni de ses mains. Son mari étoit obligé de la faire manger comme un enfant et de lui porter la cuillère à la bouche. Elle avoit vu à différentes fois des médecins et des chirurgiens qui lui avoient déclaré que sa maladie étoit incurable.

Cette pauvre femme ayant eu connaissance des cruautés exercées sur les personnes qui étoient dans le champ des martyrs, sachant qu'on y alloit pour les prier, prit la résolution de s'y faire transporter et de les invoquer. Après s'y être disposée par les sacremens de la pénitence et de l'eucharistie, elle se fit transporter dans un bateau jusqu'à Angers; là, à l'aide de son mari et de quelques personnes charitables, elle fut portée au Champ des Martyrs. Arrivée sur leur tombeau, elle se sentit un peu soulagée. Ayant fait sa prière avec toute la foi et la ferveur dont elle étoit capable, tout à coup elle se sentit guérie. Elle s'en retourna sur ses jambes sans le secours de personne. Rendue chez elle, elle fit dans [sa] maison tout ce qu'elle avoit à faire, et depuis ce moment elle ne s'est sentie de rien.

M. le curé d'Avrillé, dans la paroisse duquel est situé le Champ des Martyrs, en ayant été informé et voulant s'en assurer, l'a fait venir chez lui, avec son mari et des personnes

5

qui avoient eu connaissance de ses infirmités et de sa guérison miraculeuse. Il en a fait un procès-verbal qui atteste la vérité de ce que j'avance et dont on pourra prendre connoissance.

M. le curé de Montreuil-Bel-frois m'a assuré qu'un enfant d'environ six ans, ne parlant pas, donnoit de l'inquiétude à ses parens et qu'il a commencé à parler dès que ses parens ont commencé à le recommander aux martyrs et à les prier d'intercéder pour lui auprès de Dieu.

Une respectable et vertueuse personne de ma paroisse, qui ne veut pas être nommée, m'a assuré qu'elle avoit obtenu les grâces qu'elle avoit demandées à Dieu par leur intercession, sans dire quelles étoient ces grâces.

On parle tous les jours de grâces et de faveurs obtenues par l'intercession de ces saints martyrs, et peut-on en être surpris en voyant le concours de personnes qui vont tous les jours à leur tombeau et la piété et la ferveur avec laquelle on y va et on y prie. Il faut espérer que l'église un jour en fera la fête, comme elle fait celle de saint Morice et de tous ses compagnons et qu'elle leur rendra les honneurs qui leur sont dûs.

Je désire bien, Monseigneur, avoir rempli le but que vous vous êtes proposé en me chargeant de vous donner des détails de tout ce qui s'est passé à l'occasion des victimes immolées dans le Champ des Martyrs. Je regrette de ne pouvoir pas vous mettre sous les yeux les noms de tous ceux qui sont morts pour leur Dieu et pour leur roi. Vous le désireriez et je le désirerois aussi. Mais comme on les massacroit en masse et qu'on ne mettoit aucun ordre dans les massacres, il ne m'a pas été possible de me les procurer. Il faut espérer qu'on pourra se les procurer dans la suite. Quand on saura qu'il est permis de prier pour eux, et même de les prier et de les invoquer, chaque famille sera intéressée à faire connoître les noms de ceux qui leur appartenoient et il sera possible d'en faire une liste très exacte. Si on ne pouvoit réussir à les bien connoître, il suffira qu'on sache que leurs noms sont écrits au livre divin et qu'ils jouissent du bonheur qu'ils ont mérité pour leur attachement à Dieu et au monarque.

Puisse ce recueil vous êtes agréable et devenir utile aux fidèles ! Puisse-t-il contribuer à les affermir dans leur foi et leur faire comprendre l'obligation où ils sont de s'y affermir de plus en plus. C'est tout le but que je me suis proposé. Veuillez en être bien persuadé, ainsi que des sentimens les plus respectueux avec lesquels j'ai l'honneur d'être,

De votre Grandeur,

Monseigneur,

Votre très humble et obéissant serviteur,

GRUGET, curé de la Trinité.

Angers, 12 septembre 1816, anniversaire du départ des prêtres catholiques du diocèse d'Angers pour l'Espagne à raison du refus de serment.

P. S. — Il seroit bon que ce recueil, qui est des plus exacts, fût retouché par une main plus habile et dans l'usage de faire imprimer ses ouvrages.

APPENDICE

I

Notes sur les interrogatoires des détenus d'Angers et les jugements par F...

A la suite du siège d'Angers, 13 et 14 frimaire an II, 3 et 4 décembre 1793, de nombreux Vendéens avaient été arrêtés dans les environs de cette ville. Ils furent immédiatement fusillés au Port-de-l'Ancre et au Port-Ayrault, sur l'ordre du représentant du peuple Francastel alors en mission dans le département de Maine-et-Loire. Ces exécutions semblent avoir été répétées assez fréquemment pendant la fin de ce mois et le commencement du suivant. Elles paraissent avoir compris surtout des Vendéens arrêtés porteurs d'armes et amenés à Francastel qui les envoyait aussitôt à la fusillade sans qu'ils aient été écroués dans les prisons d'Angers [1].

---

[1] V. Gruget, *Recueil*, etc. — *Les citoyens composant la société populaire d'Angers à la Convention nationale, 5 frimaire an III.* — Divers dossiers faisant partie des archives de la commission Félix et du Comité révolutionnaire, dont la chemise porte, à la suite de la liste des prisonniers qu'ils concernent, la mention : *Fusillés par ordre des représentants du peuple*, et aussi, dans la procédure dirigée contre les terroristes d'Angers, les dépositions faites, au mois de bru-

Celles-ci étaient du reste déjà encombrées. Après la déroute du Mans, 22 frimaire, surtout après le désastre de Savenay, les arrestations étaient devenues bien plus nombreuses encore. Beaucoup de Vendéens, désespérés, se voyant dans l'impossibilité de repasser la Loire, vinrent déposer leurs armes et se rendirent volontairement, comptant sur une amnistie qu'on prétendait avoir été accordée à tous ceux qui reconnaîtraient leur erreur. Ils étaient amenés à Angers et entassés dans les prisons bientôt devenues insuffisantes. La prison dite nationale et le château, recevant à la fois des hommes et des femmes, les couvents du Calvaire, des Pénitentes et du Bon-Pasteur, convertis en maisons de détention pour les femmes seulement, étaient pleins. Il fallait prendre un parti. Dès le 26 frimaire, le comité révolutionnaire d'Angers avait envoyé deux de ses membres à Francastel pour lui demander ce qu'on devait faire de tous ces prisonniers. Le conventionnel avait refusé de répondre, par écrit du moins. On se décida donc à créer de nouveaux dépôts. L'église Saint-Maurice, la chapelle de la maison des Petits-Pères (ou Lazaristes) de la rue Val-de-Maine, le couvent des Cordeliers, furent disposés pour recevoir les prisonniers qu'on continuait à amener par bandes nombreuses. Ces dépôts ne tardèrent pas à être remplis à leur tour.

Beaucoup, parmi les Vendéens entassés dans ces prisons provisoires, étaient atteints de maladies, suite des fatigues et des misères qu'ils avaient éprouvées dans leur campagne

---

maire an III, devant le second comité révolutionnaire, par Jean Aubry, administrateur du district d'Angers, lequel a vu plusieurs fois Francastel envoyer au Port-de-l'Ancre, pour y être fusillés, des bandes de prisonniers parmi lesquels se trouvaient de tout jeunes gens, dont l'un même lui a paru n'avoir pas plus de 10 à 12 ans, et de Pierre Pinot, demeurant rue Fidélité, ci-devant Saint-Jacques, et par conséquent voisin de Francastel logé rue du Cornet. Celui-ci a vu une dizaine de fois amener chez le conventionnel des bandes de prisonniers. Leur conducteur montait un instant chez Francastel, les laissant dans la cour, puis les conduisait ensuite au Port-de-l'Ancre où on les fusillait, etc.

d'outre-Loire. La contagion ne tarda pas à se répandre parmi leurs compagnons de captivité et à faire de nombreuses victimes. On craignit qu'elle ne gagnât au dehors. Il était urgent d'aviser. C'est alors sans doute qu'on imagina (on, c'est sans doute Francastel) de faire fusiller tous ces détenus aux Ponts-de-Cé. Plusieurs centaines de vendéens y furent conduits en effet le 29 frimaire, 13 décembre 1793, huit cents autres les 7, 8 et 9 nivôse, 27, 28 et 29 décembre, et y furent mis à mort suivant M. Gruget qui porte à 1500 environ le nombre des individus fusillés en ce lieu[1].

Sur ces entrefaites, la première commission militaire d'Angers, créée le 11 juillet 1793 et présidée depuis le 4 octobre suivant par le citoyen Félix, quitta Saumur pour venir s'installer à Angers. Celle-ci avait à plusieurs reprises, aux Ponts-de-Cé, à Doué, puis à Saumur, fait usage de la fusillade pour l'exécution de Vendéens condamnés à mort par fournées, dont une seule, celle du 6 nivôse, comprenait 233 victimes. C'était un mode d'exécution à la fois prompt et économique. La guillotine eût demandé trop de temps pour couper autant de têtes ; de plus elle coûtait trop cher. L'exécuteur des jugements criminels Dupuis demandait 50 livres pour chaque tête qu'il faisait tomber[2]. Pourquoi, dès lors, employer cet instrument pour des individus ne possédant aucun bien dont la confiscation pût couvrir les frais de leur exécution. Le jugement public et la guillotine emportaient confiscation

---

[1] En y comprenant les 300 victimes du 23 nivôse dont nous parlons plus loin. Voir les dépositions faites au mois de brumaire an III, devant le second comité révolutionnaire d'Angers, par les citoyens Poitevin, agent national, Rontard, Gislain et Pierre Chesneau, officiers municipaux, et Claude Humeau, juge de paix des Ponts-de-Cé, qui estiment à 1500 environ le nombre des individus fusillés aux environs de cette ville. Suivant le dernier témoin, 250 auraient été fusillés au Bois-Planté, près Juigné-sur-Loire, et 1250 dans les prairies de Sainte-Gemmes.

[2] Une fois rentré à Angers, il ne demande plus que 30 livres par tête coupée.

des biens des condamnés. On résolut donc de réserver celle-ci pour les personnes qui possédaient quelque chose ou pour ceux qui avaient occupé une certaine situation, comme les prêtres, les nobles, les riches, les fonctionnaires, les officiers, etc.., dont la mort devait servir d'exemple : l'aristocratie de la guillotine ! Tandis que les paysans arrêtés en masse, ne possédant rien qui pût être confisqué, furent réservés pour la fusillade, procédé expéditif qui ne coûtait qu'un peu de poudre et de plomb et dont les exécuteurs étaient des soldats commandés pour ce service.

La commission Félix rentra à Angers le 8 nivôse an II et, dès le 11 (31 décembre), commença à juger les détenus qui encombraient les prisons. Mais elle comprit aussitôt qu'elle ne viendrait jamais à bout de statuer sur le sort d'un aussi grand nombre de prévenus et dut inventer un moyen rapide de déblayer les prisons. La loi condamnait à la mort tous ceux qui avaient porté les armes contre la République. Or, la plupart des prisonniers vendéens reconnaissaient avoir fait partie de l'armée royaliste ou l'avoir suivie dans sa campagne d'outre-Loire. Inutile par conséquent de les juger régulièrement. Leurs aveux suffisaient, à eux seuls, pour les condamner. C'est alors sans doute que la Commission commença à envoyer dans les diverses prisons des commissaires chargés d'interroger les détenus et de désigner ceux qui devaient être exécutés sans jugement. Un simple signe, la lettre F, placée en marge en face du nom d'un détenu, désignait celui-ci pour la fusillade.

Une distinction doit être faite cependant entre les diverses prisons existant alors à Angers. Les dépôts provisoires de Saint-Maurice, des Petits-Pères, etc., étaient vides ou à peu près, par suite des exécutions faites aux Ponts-de-Cé, au moment de l'arrivée de la commission Félix. Si elles ne l'étaient pas complètement, elles le devinrent, le 23 nivôse, après la fusillade de ce jour, comprenant 300 individus, dont M. Uruget parle comme étant la dernière qui ait eu lieu aux Ponts-de-Cé. Nous ne rencontrons aucune pièce concernant cette fusillade, œuvre sans doute encore de Francastel ou du Comité révolutionnaire, et l'on ne trouve dans les archives de la commission Félix aucun document dans lequel ces prisons provisoires soient citées [1].

Restaient les maisons de détention ordinaires, la prison dite nationale, le Château dit encore la Citadelle, le Calvaire, les Pénitentes et le Bon-Pasteur. Elles aussi regorgeaient de prisonniers vendéens. Mais parmi ceux-ci se trouvaient d'autres détenus arrêtés pour divers motifs, des suspects, des parents d'émigrés qui n'étaient pas fatalement voués à la mort, des patriotes même saisis pêle-mêle avec des royalistes, ou incarcérés par suite de dénonciations qu'il était nécessaire de contrôler. Un tri s'imposait. C'est à la commision militaire qu'il était réservé de l'opérer.

Il existe à la Cour d'Appel, dans les archives de la commission Félix, deux listes d'interrogatoires de prisonniers paraissant antérieures au 23 nivôse et ne portant ni dates ni signatures. L'une d'elles ne porte pas même l'indication de la prison qu'elle concerne. Mais, comme on retrouve à des dates postérieures des individus inscrits sur cette liste comme détenus à la prison nationale, il paraît évident qu'elle concerne cette maison. La première porte en tête : *Liste des brigands du 18 nivôse.* S'agit-il de Vendéens amenés, interrogés ou fusillés le 18 nivôse; c'est ce qu'il

[1] Dans une lettre du 17 fructidor an II, adressée au comité révolutionnaire d'Angers par le républicain Toussaint Cordier, celui-ci déclare qu'à l'époque où il faisait partie de ce Comité, il fut envoyé à la commission militaire, par ordre de Francastel, beaucoup d'individus qui furent fusillés aux Ponts-de-Cé ; « que, d'après le siège de la commune d'Angers, tous les brigands qui furent arrêtés et conduits dans le Temple de la Raison (Saint-Maurice) et dans la ci-devant église des Petits-Pères, furent également fusillés sans être portés sur les registres du Comité révolutionnaire, et cela par ordre de Francastel qui voulait qu'il n'existât rien par écrit de ce qui avait rapport aux brigands ».

est impossible de savoir; mais nous sommes fort tenté de croire que cette date est celle du jour où a eu lieu l'interrogatoire. Vingt-six détenus sur cinquante sont notés par F. La seconde porte : *Liste des prisonniers de la prison nationale.* Trente-cinq sur cinquante sont encore notés d'un F. Plusieurs de ces F ont été barrés sur les deux listes, et la mention *mort* ou *guillotiné* a été placée à la suite du nom de quelques détenus. On retrouve ceux-ci, en effet, parmi les cent cinq individus condamnés à mort par jugement le 23 nivôse, lesquels toutefois furent, non pas guillotinés, mais fusillés au Champ des Martyrs. Ces mentions, ajoutées évidemment après les interrogatoires, tendraient à prouver que les détenus portés sur ces listes et jugés par F n'ont dû être exécutés que postérieurement au 23 nivôse, date de la première fusillade au Champ des Martyrs. Tout au plus auraient-ils pu être compris dans celle des Ponts-de-Cé, mais ce n'est pas probable.

C'est le 23 nivôse que la Commission militaire décida, d'accord avec le Comité révolutionnaire, que les cent cinq paysans condamnés à mort ce même jour seraient exécutés par la fusillade. On choisit pour cette exécution un lieu écarté, situé dans les bois d'Avrillé, mais beaucoup moins éloigné de la ville que les Ponts-de-Cé, l'enclos du ci-devant prieuré de la Haie-aux-Bons-Hommes. C'est la première fusillade dont ait parlé M. Grugel, celle du 12 janvier 1794.

Une seconde eut lieu quelques jours après, le 26 nivôse, 15 janvier. Elle comprenait, suivant M. Grugel, trois cents personnes, parmi lesquelles devaient se trouver les individus notés d'un F sur les deux listes dont nous avons parlé plus haut.

Nous trouvons ensuite deux autres listes d'interrogatoires, également sans dates et sans signatures, ni clôtures; vingt-cinq femmes sur soixante-quatre de la prison nationale, cinquante autres sur quatre-vingt-quatorze détenues au Calvaire et au Bon-Pasteur, sont notées par F.

Elles furent comprises dans la troisième fusillade, celle du 29 nivôse, 18 janvier. Cette date est établie par divers documents prouvant en outre que plusieurs des autres prisonnières du Bon-Pasteur, qui semblaient avoir été épargnées et dont les noms sont notés en marge du mot *sursis*, furent néanmoins fusillées avec leurs compagnes [1].

Suivant M. Gruget, cette fusillade comprenait deux cent cinquante personnes. Le surplus des victimes dut être pris dans les autres maisons de détention, notamment au Château, une des prisons les plus importantes de la ville par le nombre de détenus qu'elle contenait et pour laquelle nous ne rencontrons pas d'interrogatoires antérieurs au 18 pluviôse. C'est au Château qu'avaient été placés sans doute vingt-et-un détenus amenés de Cholet, dont nous n'avons pas retrouvé les interrogatoires, mais dont le dossier porte une note indiquant qu'ils ont été fusillés le 29 nivôse [2].

Cependant, les juges de la Commission militaire ne pouvaient suffire à tant de besogne. Le matin, interrogatoires des prévenus qui devaient être jugés dans le jour; à midi, séance publique, puis exécution des condamnés, à laquelle assistaient une partie des juges. Il ne restait donc que la soirée pour aller dans les prisons interroger les détenus. Aussi ces juges obtinrent-ils facilement de Francastel que le personnel de la Commission fût augmenté. Morin et Vacheron, membres de la deuxième Commission militaire

[1] Déclaration des citoyennes Thiout, Charron et Prieur-Duperray, administratrices du Calvaire. Autre certificat de la citoyenne Papiau, administratrice des Pénitentes, concernant une fille Ripeau, de Fontenay, également fusillée le 29 nivôse, bien qu'elle eût obtenu un sursis.

[2] Liasse 12 des archives de la commission Félix.
Il existe cependant une liste sans date, sans clôture ni signatures, concernant la prison du Château. Elle paraît antérieure au 23 nivôse. La plupart des prisonniers sont des militaires mis en liberté à différentes dates dudit mois indiquées en marge. Aucun de ces détenus n'est noté d'un F.

d'Angers, récemment dissoute, Gouppil fils et O'Brunier fils, lui furent attachés comme adjoints. Ceux-ci, surtout les deux premiers, furent plus particulièrement chargés de l'exécution de cette mesure qu'on a appelée le recensement des prisons.

Des commissaires, nommés par arrêté de la Commission, devaient se rendre dans les prisons, assistés de gendarmes chargés d'amener devant eux les détenus, interroger ceux-ci et statuer sur leur sort par un signe placé en face de leurs noms. Nous n'insisterons par ces interrogatoires sommaires, souvent dérisoires, dont un certain nombre ont été cités par MM. Berryat-Saint-Prix, Bourcier, Godard-Faultrier, etc., ou ont été reproduits par nous en notes au-dessous du texte de M. le curé Gruget. Un F désignait les individus destinés à la fusillade; un G, ceux qui devaient être réservés pour la guillotine; un S, ou encore les mots *sursis, suspension, à revoir, à s'informer*, ceux sur le sort desquels on hésitait à statuer. Souvent les mots *à revoir* et le signe F se trouvent en face d'un même nom, sans qu'on puisse savoir lequel des deux est postérieur à l'autre.

C'est à partir du 30 nivôse que commence réellement ce recensement. Les cahiers dont nous avons parlé plus haut n'étaient pas, à proprement parler, des interrogatoires; ce sont plutôt de simples listes comprenant uniquement les noms, prénoms, âges, domiciles des détenus et la constatation qu'ils avaient suivi l'armée vendéenne avec ou sans armes. A partir du 30 nivôse, on voit intervenir les commissaires, posant des questions et notant plus ou moins complètement les réponses qui leur sont faites.

Le 20 nivôse, Morin et Vacheron sont désignés pour opérer ce recensement des prisons. Le 30, ils se transportèrent à la prison nationale pour commencer leur œuvre. Le cahier destiné à contenir les interrogatoires porte un en-tête ainsi conçu :

« Recensement général des prisons de la commune d'Angers.

« L'an II de la République française une et indivisible, le 30 nivôse, dix heures du matin, conséquemment à l'arrêté pris à la séance d'hier soir par la Commission militaire stationnée à Angers, Morin et Vacheron, nommés commissaires pour opérer le recensement général des prisons de la commune d'Angers, se sont rendus dans les prisons, où étant, en présence du citoyen Baudron, l'un des membres du Comité révolutionnaire d'Angers, ils ont procédé au recensement comme il suit : Quatre gendarmes à cheval ont amené devant les commissaires tous les détenus, etc... »

Le 30 nivôse et le 1er pluviôse, cent quatre-vingts détenus sont marqués pour la fusillade. Ces individus durent être compris dans celles du 1er et du 2 pluviôse, 20 et 21 janvier 1704, dont parle M. Gruget. Celui-ci porte à quatre cents les victimes du premier jour, dont cent huit hommes et trois cents femmes, et à cent cinquante celles du second jour, dont soixante-dix hommes et quatre-vingts femmes. Les cent soixante-dix-huit hommes fusillés, d'après M. Gruget, sont évidemment les mêmes qui venaient d'être notés par F à la prison nationale par les commissaires recenseurs. Nous ignorons d'où venaient les trois cent quatre-vingts femmes fusillées avec eux. Il n'existe pas d'interrogatoires les concernant.

Il n'en existe pas davantage pour les quatre-vingts femmes fusillées au Champ des martyrs, le 3 pluviôse, 22 janvier (6e fusillade).

Les 3 et 4 pluviôse, vingt-deux femmes et quatorze hommes sont désignés pour la fusillade à la prison nationale.

Le soir, Morin et Vacheron se transportèrent au Calvaire. La prison est grande ; les détenues sont nombreuses. Les commissaires se séparent et opèrent chacun de son côté.

Du 4 au 7 pluviôse, cent trente-six femmes sont notées par F.

Nous n'avons pas d'interrogatoires concernant la Citadelle, le Bon-Pasteur et les Pénitentes, dont les détenues
avaient cependant été interrogées, ainsi que cela résulte
des déclarations faites par les commissaires dans leurs
procès-verbaux postérieurs. Le recensement général était
terminé, mais on amenait chaque jour de nouveaux prisonniers et il fallait recommencer pour ceux-là [1].

Le 9 pluviôse, Vacheron juge par F dix femmes du
Bon-Pasteur et une seule des Pénitentes, en constatant
que les autres détenues de ces maisons ont été précédemment interrogées.

Le 11 et le 13 pluviôse, il désigne pour la fusillade qua-
rante-deux femmes, sur soixante-huit amenées au Calvaire
depuis le 8 de ce mois.

Toutes ces femmes, au nombre de cent quatre-vingt-dix
environs, furent fusillées au Champ des Martyrs, le 13 pluviôse, 1er février, fusillade qui, d'après M. Gruget, comprit
quatre cents victimes. Les autres, dont nous n'avons pas
retrouvé les noms, provenaient sans doute des autres
prisons.

Les interrogatoires continuent les jours suivants. Le 14,
deux femmes du Bon-Pasteur; le 18, onze femmes des
prisons nationales; le 18 et le 19, soixante-et-un hommes
de la même prison; le 21, cinquante-six hommes de la
Citadelle, sont jugés par F. Ces cent trente-huit victimes

[1] On ne peut, en effet, considérer comme interrogatoires sérieux,
se rattachant à ce recensement, les deux listes sans dates ni signatures des femmes fusillées le 29 nivôse dont nous avons parlé plus
haut. On y rencontre bien, dans l'une, vingt-sept femmes du Bon-
Pasteur et une des Pénitentes à la suite des prisonnières du Calvaire
et six femmes de la Citadelle à la suite des détenues de la prison
nationale. Mais il est probable qu'il y eut de nouveaux interrogatoires,
plus complets et plus réguliers, faits par les commissaires recenseurs dans ces diverses prisons, pour les femmes fusillées les 20, 21
et 22 janvier 1791. Ces cahiers d'interrogatoires n'existent plus
aujourd'hui.

durent être fusillées le 22 pluviôse, 10 février [1], date de la dernière fusillade au Champ des Martyrs, laquelle, cependant, suivant M. Gruget, aurait été composée de deux cents personnes.

On voit par l'énumération qui précède combien nous sommes loin de posséder la liste exacte des victimes exécutées au Champ des Martyrs. De nombreux cahiers manquent certainement dans la liasse, complète cependant comme foliotage, des nombreuses listes de détenus conservées à la Cour. Il est probable que celles qui manquent ont dû être égarées, ou détournées, avant la remise des papiers de la Commission Félix au Tribunal criminel de département et n'ont pu, par conséquent, être inventoriées et cotées avec les autres.

La preuve qu'il existe des lacunes dans cette collection résulte pour nous de cette circonstance qu'on ne trouve aucun cahier d'interrogatoires relatif à la prison dite indifféremment de la Citadelle ou du Château antérieur au 18 pluviôse [2].

Mais la population angevine commençait à murmurer de ces hécatombes, si fréquentes depuis quelques semaines. Ces convois nombreux d'hommes, de femmes, de jeunes filles, attachés deux à deux à une longue corde, entourés de soldats les armes chargées, suivis de voitures servant à conduire les malades et les infirmes et ensuite à rapporter les vêtements des victimes, excitaient la pitié de tous. La

---

[1] Les cahiers d'interrogatoires concernant les détenus de la prison nationale portent en marge la mention *fusillade du 22*.

[2] Sauf un cahier sans date et sans signatures de 8 p. in-fol. antérieur au 23 nivôse, concernant des détenus, presque tous militaires, dont nous avons déjà parlé.

Dans ses Mémoires, rédigés à l'époque même où se passaient les faits qu'il rapporte, M. Gruget ne mentionne pas la prison des Carmélites comme ayant fourni des victimes aux fusillades du Champ des Martyrs. C'est dans le *Recueil* qu'il en parle pour la première fois. Il est donc possible que ses souvenirs l'aient trompé cette fois. Nous ne rencontrons, en effet, aucun document où cette prison soit citée avant la fin de l'an II.

mort des sœurs Odille et Marianne, bien connues dans la ville pour leur dévouement à soigner les malades et les indigents, augmenta l'indignation. Une autre circonstance vint porter à son comble l'irritation du peuple et le Comité révolutionnaire lui-même dut s'en émouvoir. Ce Comité avait fait arrêter, par mesure de sûreté, se réservant d'examiner leur conduite, un certain nombre d'individus incarcérés dans les jours qui avaient précédé le 22 pluviôse. Mais les commissaires recenseurs n'avaient pas fait de distinction. Ils avaient fait comparaître devant eux ces détenus avec les autres et en avaient désigné plusieurs pour la fusillade. M. Gruget ajoute même que des personnes, amenées la veille au soir ou dans la matinée du 22 pluviôse, avaient été attachées à la *chaîne*[1] et exécutées sans avoir été interrogées. Les parents et les amis des victimes réclamèrent. Ils se plaignirent de ces procédés, dévoilèrent les actes odieux qui se passaient dans les prisons et le Comité révolutionnaire fut obligé de se prononcer.

M. Trotouin, administrateur du Calvaire, ne pouvant contenir son indignation, avait protesté publiquement contre les agissements des commissaires recenseurs. Il fut entendu d'un maréchal-des-logis de gendarmerie qui l'arrêta et le conduisit au Comité dans la soirée du 24 pluviôse. Le lendemain, il fut interrogé et mis en liberté immédiate par un arrêté du Comité révolutionnaire constatant que les propos tenus par le citoyen Trotouin étaient plutôt à la charge de la Commission militaire que contre lui.

Ce blâme public, porté contre la Commission militaire par des hommes connus pour leur républicanisme et qu'on ne pouvait accuser de faiblesse envers les royalistes, fut,

[1] C'est ainsi que l'on nommait ces tristes convois, par rapprochement avec les convois de galériens que l'on conduisait au bagne enchaînés de chaque côté à une grosse chaîne centrale.

suivant nous, le véritable motif de la cessation des fusillades.

Les interrogatoires ont continué cependant après le 22 pluviôse pendant quelques jours. Toutefois, les jugements par F sont devenus bien plus rares. Les 22 et 24 pluviôse, à la Citadelle, nous trouvons vingt détenus seulement désignés pour la fusillade, sur cent quatorze. Puis plusieurs F ont été barrés ensuite. Il reste tout au plus une quinzaine de ces individus ayant pu être fusillés. Et encore croyons-nous qu'ils furent épargnés, car nous rencontrons quatre d'entre eux jugés une seconde fois par F au mois de germinal et définitivement condamnés à mort par jugement du 26 de ce mois.

Même observation pour la maison du Calvaire. Sur trois cent quarante-trois détenues, six F seulement. Comme nous rencontrons l'une de ces femmes mise en liberté par jugement du 11 floréal [1], nous avons tout lieu de croire que ses compagnes, notées également pour la fusillade, furent aussi épargnées. Ce recensement, commencé le 10 pluviôse, se termine le 24, puis reprend le 25 aux Pénitentes, où vingt-deux détenues sont interrogées, mais dont aucune n'est notée par F.

L'intervention du Comité révolutionnaire a donc eu pour résultat d'interrompre les interrogatoires presque en même temps que les fusillades.

Le dissentiment s'accentuait du reste entre le Comité et la Commission militaire. Celle-ci avait interrompu ses séances le 18 pluviôse, nous ignorons pour quel motif. De ce jour au 2 ventôse, elle tint une seule séance, le 24 pluviôse, pour mettre quatre femmes en liberté.

Le Comité révolutionnaire n'avait pas été le seul à protester contre les actes de la Commission militaire. La Société populaire dite de l'Est avait également fait entendre

---

[1] Marie Renou, veuve de Jacques Rochard, 50 ans, de Rochefort.

sa voix. Était-ce seulement dans l'espoir de sauver MM. Brovet de Beaujour, de Dieusie, Couraudin et autres, destitués de leurs fonctions d'administrateurs du département et accusés d'avoir signé des arrêtés fédéralistes et liberticides; c'est possible, mais l'effet en fut beaucoup plus étendu. La Commission militaire, dont on a attaqué les actes, se sent atteinte, bien que soutenue par Francastel. Elle renonce aux fusillades et va se montrer désormais relativement plus humaine.

Elle reprend ses séances le 2 ventôse pour élargir douze femmes, vingt le lendemain, vingt-huit encore le jour suivant. Il est vrai que le 3 elle a condamné à mort M. Pinot, curé du Louroux-Béconnais, et que les condamnations à la guillotine, bien que moins fréquentes désormais, seront encore nombreuses.

C'est sans doute à la suite de nouveaux abus, ou après avoir eu connaissance du projet formé par la Commission Félix de recommencer les fusillades, que le Comité révolutionnaire prit, le 10 ventôse, un arrêté pour interdire l'entrée des prisons aux membres de ladite Commission.

« Le Comité, délibérant sur les abus sans nombre qui existent dans les maisons d'arrêt du Calvaire, Bon-Pasteur et autres de cette commune, considérant que les autorités seules auxquelles la loi donne la surveillance de ces maisons peuvent avoir le droit d'entrer dans ces maisons, arrête révolutionnairement qu'il sera écrit au commandant de la place pour lui demander une garde sûre; cette garde ne recevra de consigne que des deux membres pris dans le sein du Comité; qu'eux seuls auront droit dans lesdites maisons; que les membres de la Commission militaire n'y pourront pénétrer que sur un permis du Comité révolutionnaire, revêtu de quatre signatures; qu'aucun détenu ne pourra être délivré, sous quelque prétexte que ce soit, que par un ordre du Comité également revêtu de quatre signatures; que tout administrateur ou concierge desdites maisons qui contreviendra à cet arrêté, sera sur le champ destitué par le seul fait de l'infraction ; arrête enfin que copie du présent sera envoyée officiellement tant aux différentes maisons d'arrêts qu'à la Commission militaire et aux autorités constituées. »

Fureur de la Commission militaire, qui prend à son tour un arrêté enjoignant au commandant de la force armée de donner des ordres pour que les détenus qui lui seraient désignés fussent extraits des prisons et traduits devant elle.

Le 19, le Comité proteste de nouveau contre cette prétention et ordonne l'envoi des pièces à Francastel.

Le conventionnel ne pouvait donner tort à la Commission militaire, dont il avait à diverses reprises approuvé les actes. Il ne voulait pas cependant se mettre mal avec les membres du Comité, républicains ardents, ayant donné des gages depuis le commencement de la Révolution et non suspects d'entente avec les royalistes et les modérés. Il prit un moyen terme, renouvela le personnel du Comité et, par un arrêté en date du 23 ventôse, invita l'agent national de la commune à donner des ordres pour que les détenus réclamés par la Commission Félix fussent livrés à celle-ci.

Les membres du nouveau Comité révolutionnaire étaient ou semblaient eux aussi d'ardents républicains, car autrement ils n'eussent pas été choisis par Francastel. Mais au fond c'étaient des modérés, et, se sentant soutenus par l'opinion publique, ils n'eussent pas toléré que l'on recommençât les fusillades.

Toutefois, comme on avait continué à amener de nombreux prévenus dans les prisons, on se décide à recommencer le recensement des maisons de détention. Les interrogatoires reprennent le 11 germinal. Mais les commissaires recenseurs sont désormais au nombre de quatre, deux juges de la Commission Félix et deux membres du Comité. Le modèle de ces interrogatoires est resté le même.

Les jugements par F sont encore relativement nombreux, mais ne semblent pas avoir été suivis d'exécutions.

Le 11 germinal, soixante détenus sur trois cent trente-cinq sont notés par F à la citadelle. Les jours suivants, douze femmes des Pénitentes, dont onze religieuses; dix-huit du Bon-Pasteur, dont sept religieuses; trente-cinq du Calvaire, dont sept religieuses, quatre-vingts du Grand-Séminaire, dont trois religieuses, sont aussi notées d'un F.

Ces prisonniers ont-ils été tous fusillés au Champ des Martyrs, comme semble le croire M. Godard? Nous ne le pensons pas.

Il est établi que quatre-vingt-dix-neuf d'entre eux, condamnés à mort par jugement de la Commission Félix en date du 26 germinal, ont bien été fusillés. Le procès-verbal de l'exécution porte que celle-ci a eu lieu, non plus sur la place du Ralliement, mais « au lieu destiné pour l'exécution », lequel ne peut être autre que le Champ des Martyrs.

Or ce jugement comprend cinquante-huit hommes de la citadelle [1], neuf femmes du Calvaire [2], une du Bon-Pasteur, trente-et-une du Grand-Séminaire [3], tous jugés par F sur les cahiers d'interrogatoires dont nous venons de parler.

[1] Les deux autres étaient sans doute morts en prison avant le 26 germinal.

[2] Déposition faite le 20 prairial an III devant Macé des Bois, juge au Tribunal du district d'Angers et président du jury d'accusation dans la procédure dirigée contre les terroristes, par Joseph Trotouin, marchand faïencier, administrateur de la maison du Calvaire. Le témoin constate que le 18 germinal et jours suivants les commissaires recenseurs des prisons étant venu interroger les détenues de ladite maison, en notèrent un grand nombre pour la guillotine, notamment toutes les hospitalières d'Angers, sauf deux; qu'il fut alors trouver le président et le vice-président de la Commission militaire, lesquels lui promirent d'examiner de nouveau les listes d'interrogatoires, et qu'en effet il n'y eut que neuf de ces femmes qui furent mises à mort.

[3] Dépositions faites devant Macé des Bois dans la même procédure, le 13 brumaire an III, par Étienne Bardou, administrateur de la maison des Carmélites, et le 5 frimaire suivant par Hyacinthe Vigé, veuve Besson, administratrice de ladite maison. Tous deux déclarent qu'ils avaient été nommés administrateurs de la prison du Séminaire

Il reste quatre-vingt-dix femmes que nous croyons avoir
été épargnées. Cela est évident pour les trente-deux religieuses, également jugées par F, que nous retrouvons
condamnées à la déportation par jugement de la Commission Félix du 3 floréal an II.

La preuve n'est pas faite encore pour les soixante-quatre
autres. Mais, comme nous retrouvons douze des femmes
désignées pour la fusillade au Grand-Séminaire portées
comme mortes naturellement[1] dans la liste des femmes
décédées à la prison des Carmélites publiée par M. Godard
à la suite de son livre sur le Champ des Martyrs, d'après
les notes communiquées par Mme de Boguais, il est permis
de croire que leurs compagnes furent également épargnées
et furent mises plus tard en liberté. Si cette supposition
est exacte pour les femmes du Grand-Séminaire, elle doit
l'être aussi pour les détenues du Calvaire et du Bon-Pasteur.
Nous croyons reconnaître les noms de plusieurs d'entre
elles dans la liste des femmes mises en liberté par le
Comité révolutionnaire au mois de fructidor suivant[2].
Mais, à défaut d'indications suffisantes, la vérification est
assez difficile, l'arrêté du Comité portant uniquement le
nom de chacune de ces femmes, au nombre d'environ trois
cents, et celui de leur commune.

Nous sommes donc persuadé qu'il n'y eut pas de fusil-

et qu'ils le sont devenus des Carmélites lorsque les détenues du
Séminaire y ont été transférées. Ils parlent uniquement des interrogatoires faits au Grand-Séminaire les 19 germinal et jours suivants,
à la suite desquels trente-deux femmes seulement furent conduites à
la mort.

Ces déclarations confirment ce que nous disions plus haut. Le
Grand-Séminaire fut converti en prison seulement au mois de germinal an II et, vers le 15 floréal, les femmes qui y étaient détenues
furent transférées aux Carmélites. Ce couvent ne servait donc pas
encore de prison au moment des fusillades des mois de janvier et
février 1794 et n'a pu, par conséquent, fournir de victimes au Champ
des Martyrs.

[1] Notamment les femmes portant les numéros 13, 14, 43, 61, 62,
63, 64, 100, 144, 177, 215, 277 sur ladite liste.

[2] Notamment les femmes portant les numéros 103, 106, 111, 125 de
ladite liste du Grand-Séminaire et 83, 177, 189 de celle du Calvaire.

lades partielles au Champ des Martyrs au mois de germinal an II.

Lors des fouilles de 1867, on a reconnu l'existence dans ledit enclos de douze grandes fosses, toutes de 5m30 de longueur et de 1m45 à 1m85 de profondeur. Cela n'indiquerait pas qu'il y ait eu douze fusillades. Nous croyons toujours, avec M. Grugel, qu'il y en eut seulement huit, ou plutôt neuf en y ajoutant celle du 26 germinal, dont il n'a pas parlé. Mais il est probable que pour certaines de celles-ci, notamment celles du 1er et du 23 pluviôse, 20 janvier et 10 février 1794, comprenant chacune quatre cents victimes, on fut dans l'obligation de creuser plusieurs fosses pour contenir un aussi grand nombre de cadavres.

On a constaté dans la douzième fosse plusieurs étages d'ossements séparés par de légères couches de terre. Cela doit provenir de ce que les ouvriers employés aux terrassements, trouvant des fosses remplies en partie seulement à la suite de quelques fusillades, se sont bornés à couvrir les corps d'une couche de terre peu épaisse, comptant sur la prochaine exécution pour les compléter, afin de s'éviter la peine d'en creuser de nouvelles.

La Commission Félix continua à siéger jusqu'au mois de floréal prononçant encore d'assez fréquentes condamnations à mort, toutes exécutées au moyen de la guillotine. A cette époque Hentz et Francastel, ses protecteurs, furent rappelés dans la Convention. Félix et ses acolytes, sachant combien ils étaient impopulaires à Angers, ne crurent pas pouvoir continuer leurs fonctions dans cette ville après le départ des conventionnels et sollicitèrent un ordre de départ. Le 10 floréal, Hentz et Francastel adressèrent au citoyen Félix un arrêté pris par eux conformément à ses désirs. La Commission militaire devait cesser ses fonctions le 20 floréal. Ses membres recevraient une autre destination. Mais les représentants du peuple la félicitaient en même temps « de la manière énergique, révolutionnaire et

pleine de dignité dont elle avait exercé ses fonctions. »
Félix et ses collègues allèrent former une nouvelle Commission à l'île de la Montagne (Noirmoutier). Il ne restait plus à Angers que le Tribunal criminel du département, qui ne prononça guère que huit ou neuf condamnations à mort, dont cinq rendues contre des prêtres réfractaires. La guillotine, jusque-là en permanence sur la place du Ralliement, allait bientôt disparaître. Le département de Maine-et-Loire eut le bonheur d'être débarrassé, l'un des premiers, de sa Commission militaire, tandis que dans plusieurs villes ces Tribunaux d'exception devaient survivre au 9 thermidor. Il avait du reste bien payé sa part, et au-delà, du sang versé. Nulle part, sauf à Nantes peut-être, les juges révolutionnaires ne firent autant de victimes, et l'on comprend l'horreur justifiée que n'a cessé d'inspirer aux gens de tous les partis le souvenir du citoyen Félix et de ses acolytes.

II

Listes des victimes fusillées au Champ des Martyrs

Il sera sans doute impossible de retrouver jamais les noms
de toutes les victimes fusillées au Champ des Martyrs en
exécution des jugements par F. des commissaires recenseurs. Comme nous le disions plus haut, quelques cahiers
d'interrogatoires manquent certainement. Ils ont dû être
égarés ou retenus au moment de la remise des archives de
la commission Félix au greffe du tribunal criminel de
département, puisqu'ils n'ont pas été compris dans l'inven-
taire qui fut dressé alors de ces papiers.

Nous avons relevé sur les cahiers d'interrogatoires qui
subsistent les noms de tous les individus jugés par F. Nous
en trouvons un peu plus de 600. En y ajoutant ceux des
condamnés du 23 nivôse et du 26 germinal, également
fusillés au Champ des Martyrs, nous dépassons 800.
Cependant M. Gruget compte 1.807 victimes, non compris
les 99 fusillés du 26 germinal. Nous n'en connaissons donc
pas même la moitié. A supposer que les chiffres donnés
par M. Gruget qui, sans doute, n'a pas compté les victimes
de chaque chaîne et a pu être trompé lui-même par ceux
qui l'ont renseigné, soient un peu exagérés, ce qui n'est
pas prouvé du reste, il n'en est pas moins évident que le
nombre des victimes dut être notablement supérieur à

celui que nous avons trouvé. Il est établi, en effet, que des personnes indiquées comme ayant obtenu des sursis ont été fusillées sans que nous ayons pu les comprendre sur nos listes, à défaut de preuves certaines, et que d'autres l'ont été sans avoir été interrogées et sans qu'il soit possible de retrouver jamais leurs noms.

Nous avons reproduit les noms cités tels que nous les avons trouvés inscrits sur les listes d'interrogatoires, sans pouvoir en certifier l'exactitude. Les commissaires recenseurs, étrangers au pays, les ont écrits tels qu'ils les ont entendus, sans tenir compte peut-être de l'accent ou de la mauvaise prononciation. Certains de ces noms sont écrits de différentes façons, suivant les commissaires recenseurs devant lesquels les détenus ont comparu. Nous avons cependant évité les corrections de peur de les défigurer encore un peu plus. Nous avons laissé à chaque détenu le numéro porté en face de son nom sur les cahiers d'interrogatoires pour faciliter les recherches. Comme nous indiquons le numéro porté sur le premier folio de chacun des cahiers d'interrogatoires compris dans la liasse conservée à la Cour d'appel, il sera toujours facile de s'y reporter, afin de contrôler et compléter les renseignements que nous donnons dans nos listes.

*Liste des brigands du 18 nivôse (f° 3), sans date, sans signa-
ture, sans désignation de prison, mais antérieure au
30 nivôse.*

1 François Cailleau, 40 ans, charcutier, de Cholet.

3 Pierre Belon, 18 ans, vigneron, de Montrelais.

5 Pierre Belon, 48 ans, bêcheur, de Montrelais.

6 François Bellanger, 26 ans, perrayeur, de Nyoiseau [1].

11 Philippe Gernigon, 33 ans, de Chambellay.

12 François Gernigon, 23 ans, de Chambellay.

14 Mathurin Deguignay, 65 ans, des Ponts-de-Cé.

15 Jean Gautier, 63 ans, de Saint-Lambert.

17 René Ricou, 32 ans, laboureur, de Montjean.

18 Jean Girardeau, 43 ans, de Saint-Pierre de Chemillé.

19 Guillaume Nourri, 31 ans, meunier, de Varades.

22 Pierre Lepron, 23 ans, de Denée.

30 Jean Mousseau, 26 ans, de Jallais.

31 François Gissard, 19 ans, de Chemillé, conducteur de
blessés.

34 François Bureau, 21 ans, laboureur, de Chalonnes.

37 Mathurin Pellier, 35 ans, boucher, de Champtocé.

40 François Berlin, d'Angers, fabricant de bas, 32 ans.

41 René Bioteau, 50 ans, couvreur, de Montrelais.

46 Baptiste Oger, de Saint-Mathurin [2].

[1] Le mot *mort* placé à la suite du nom de Alexandre Guais, 40 ans,
de la Jumelière, n° 7, porte à croire que celui-ci serait mort naturellement avant la fusillade. Même observation pour le n° 23, Guillaume Hiver, 31 ans, volontaire du 12e bataillon de la république,
déserteur.

[2] Les lettres F placées devant les noms des n° 9, Louis Gernigon,
domestique, de Chemazé ; 13, Pierre Lepron, 56 ans, de Denée ; 16,
Claude Colin, 21 ans, de Denée ; ont été barrées, ce qui permet de
supposer que ces individus ont échappé à la fusillade. On les retrouve
compris toutefois dans le jugement du 23 nivôse, n° 103, 104 et 105,
rendu contre 105 Vendéens condamnés à mort et fusillés au Champ
des Martyrs. Cela réduit à 19 sur 50 le nombre des individus exécutés à la suite de cet interrogatoire.

Liste des prisonniers de la prison nationale (f° 52), sans date et sans signatures, antérieure au 30 nivôse.

1 René Gazeau, 54 ans, serger, de Neuvy.

2 Jean Oger, 48 ans, de Saint-Maurille de Chalonnes.

3 Louis Baugé, 26 ans, de Chaudefond.

5 Pierre Martin, 35 ans, de Chalonnes.

6 Mathurin Martin, de Saint-Laurent-de-la-Plaine.

7 François Chabossé, 36 ans, métayer, du Voide.

8 Guillaume Peignier, de la Chapelle-Basse-Mer.

9 Jacques Proust, 23 ans, de Somloire près Argenton.

10 Jacques Déniau, 21 ans, roulier, du Puy-Saint-Bonnet.

11 Charles Grimault, 22 ans, domestique, du Pin-en-Mauges.

12 Joseph Humeau, 20 ans, de Mazières.

13 Pierre Gréau, de Saint-Fulgent en Bas-Poitou.

14 Pierre Traineau, 22 ans, de Chemillé.

16 Jean Métayer, 46 ans, tailleur, de Saint-Laurent-de-la-Plaine.

17 Louis Derouet, 35 ans, filassier, de Rochefort-sur-Loire.

20 François Suplot, 60 ans, métayer, de Trémentines.

21 Pierre Ravary, 56 ans, marchand de bois, du Petit-Paris [1].

26 François Peltier, 32 ans, du Mans, laboureur, puis volontaire.

36 Louis Dicquaire, 25 ans, domestique, de Saint-Just-des-Verchers [2].

39 Julien Blain, 57 ans, cordonnier, de Gonnord.

40 Jean Massé, cordonnier, de Nuaillé.

41 René Chemineau, 28 ans, de Somloire [3].

42 Jean Chicoteau, 40 ans, de Martigné-Briant.

[1] « Pour avoir retiré des prêtres. »

[2] Domestique de Mme de Cuissard.

[3] Les F placés en face des noms des détenus qui portent les numéros 18, 19, 26, 27, 28, 30, 32, ont été barrés. On retrouve ces individus condamnés à mort par jugement du 23 nivôse sous les numéros 93, 95, 100, 91, 97, 99, 98. L'F est barré également devant le nom du numéro 23, Mathurin Thuau, 51 ans, de Trémentines, et devant celui du numéro 44, Étienne Robin, 44 ans, de Saint-Lambert-du-Lattay.

46 Mathurin Maret, 39 ans, de Marans, près Thouars.

47 Jean Coeffard, 30 ans, de la Tessoualle.

Jugement du 23 nivôse.

1 Jean Poissonneau, taillandier à la Pommeraie.

2 Jacques Ray, serger à Sainte-Christine.

3 Romain Rosé, soldat au 2ᵉ bataillon de la Seine-Inférieure.

4 Louis Souvestre, de Saint-Aubin près Châtillon, tisserand.

5 Jean-Baptiste Judeau, de Saint-Aubin de Baubigné.

6 Jean Baranger, meunier, de Melay.

7 François Royer, perruquier, de Saint-Aubin des Ponts-de-Cé.

8 Jacques Royer, laboureur aux Ponts-de-Cé.

9 Mathurin Renou, maçon, de Maulévrier.

10 Louis Dechezeaux, laboureur, de Vandangeon près Châtillon.

11 Louis Pallard, maréchal, de Saint-Martin près Montaigu.

12 Louis Trel, de Saint-Martin près Parthenay.

13 Jacques Herbretault, tisserand, près Montaigu.

14 Jean-Joseph-Théodore Thomas, du Petit-Bois-Saint-Denis, district de Vervins, département de Laon, verrier.

15 Jean Berthelot, maçon, de Maulévrier.

16 François Blain, de Dauphiné, sans état.

17 René Ogereau, domestique, de Champtocé.

18 René Rompillon, de la Salle-de-Vihiers.

19 François Ouvrard, maçon, de Saint-Denis-la-Chevasse près Montaigu.

20 Jean Gueffier, vigneron à Tigné.

21 Pierre Brain, boulanger à Châtillon.

22 Jean Gaboriau, de Montaigu.

23 Jean-Marie Chasselier, de Saint-Georges de Montaigu, maçon.

24 Antoine Baly, de la Tardière près la Châtaigneraie.

25 Mathurin-Martin Virfollet, laboureur, de Rochefort-sur-Loire.

26 Michel Cherbonnier, closier, de Notre-Dame-des-Gardes.

27 François-Jacques Cherdonneau, de Denée.

28 François Orion, laboureur, de Saint-Sulpice en Poitou.

29 Louis Planchet, sabotier, de Saint-Sulpice près Fontenay.

30 Antoine Joly, voiturier, de Bressuire.

31 Mathurin Piton, de Beausse près Chaudron.

32 Jean Paupineau, laboureur, de Saint-Georges près Montaigu.

33 Antoine Aufrain, de Mouchamp en Poitou.

34 Jacques Cornilleau, tisserand, de Champtocé.

35 Jean Goglé, laboureur, de Durtal.

36 Pierre Robin, serrurier, de Champtocé.

37 Louis Terrien, laboureur, du Puiset-Doré.

38 François Petiteau, de L. ligné.

39 Jean Proust, marinier, d Beaulieu.

40 Pierre Rusant, tailleur, d int-Malo.

41 François Conin, d'Érigné.

42 Pierre Clémot, du Voide près hiers.

43 Jacques Garreau, de la Tessouaile près Cholet.

44 Jacques Livret, de Saint-Hilaire-du-Lonlay.

45 René Leduc, de Mozé.

46 Jean Ménard, d'Érigné.

47 René Claude, de Mozé.

48 René-Jacques Dauverse, de Mozé.

49 André Girard, d'Érigné.

50 François Boulitreau, boulanger, des Ponts-de-Cé.

51 Michel Morinière, de Jallais.

52 François Chauvigné, de Denée.

53 Jean Bourigault, de Champtocé.

54 Jean Delahaye, de Denée.

55 René Jarry, de la Pommeraie.

56 Pierre Gillet, des Ponts-de-Cé.

57 François Richard, des Ponts-de-Cé.

58 Louis Charretier, d'Érigné.

59 Jean Préaubert, du Pré près Morannes.

60 Jean Bouillé, de Saint-Saturnin.

61 Pierre Passequier, de la Jumellière.

62 Jean Suard, tailleur, de Gené près le Lyon-d'Angers.

63 Jacques Chauveau, d'Angers.

64 Jacques Courtin, de Saint-Jean-des-Mauvrets.

65 Jean Dyais, de Chanzeaux.

66 Louis Brouard, des Cercueils de Maulévrier.

67 René Béliard, de la Chapelle-d'Aligné.

68 Jean Lemonnier, de Saint-Aubin-de-Luigné.

69 Louis Lemonnier, de Saint-Aubin-de-Luigné.

70 René Graffet, de Liré.

71 François Baudry, de Saint-Marc en Poitou.

72 René Rouflaux, d'Antoigné près la Châtaigneraie.

73 Louis Monteiller, de Saint-Quentin-en-Mauges.

74 René Charrier, du Petit-Bourg des Herbiers.

75 Jacques Osodard, de la Jumellière.

76 Mathurin Brouard, de Saint-Quentin-en-Mauges.

77 Mathurin Neau, laboureur, de Saint-Quentin-en-Mauges.

78 Jean Osaillard, de Faveraie.

79 Innocent Suard, de Guené (Gené s. d.).

80 Michel Boidron, de Martigné-Briant.

81 François Duval, de Précigné.

82 Mathurin Piffard, de la Jumellière.

83 Jacques Cousseau, de Chambretaud près Montaigu.

84 Pierre Baumard, de Neuvy.

85 François Traineau, de Saint-Quentin-en-Mauges.

86 Jacques Perron, de Quené (Gené ou Querré).

87 Antoine Renou, de Liré, dans la Vendée.

88 Symphorien Albert, de Juigné-sur-Loire.

89 Henri Sureau, de Thorigné.

90 René Verron, d'Azé près Château-Gontier.

91 Louis Leblois, de Villevêque.

92 François Scupiot, métayer à la Malenoire.

93 Pierre Clochard, tisserand à Saint-Pierre de Cholet.

94 René Bigot, à la Tessoualle, 52 ans, voiturier.

95 René Nicolas, blanchisseur, de Mazières, 36 ans.

96 Antoine Fournié, tisserand à la Poitevinière

97 René Charrier, tisserand, de Cholet, 50 ans.

98 Pierre Marie, journalier, de Saint-Fulgent, 40 ans.

99 René Gignard, tisserand à la Séguinière, 50 ans.

100 François Chiron, tisserand à Mazières, 42 ans.

101 Jeanne Gourdon, de Saint-Hilaire des Échaubroignes.

102 Jean Laquau, laboureur, de Chanzeaux.

103 Louis Gernigon, domestique, de Chemazé.

104 Pierre Lepron, père, de Denée, 56 ans.

105 Claude Colin, de Denée, 21 ans.

Prison du Calvaire (f° 203), s. d., antérieure au 3 pluviôse

2 Louise Saillant, femme Soyer, 27 ans, de Beaupréau.

3 Renée Saillant, fille, 24 ans, fileuse, de Beaupréau.

4 Louise Lebrun, fille, 22 ans, de Beaupréau.

5 Marie Martin, fille, boulangère, de Beaupréau.

8 Marie Déniau, femme de François Gaultier, de la Chapelle-du-Genêt près Beaupréau.

10 Mathurine Uzureau, veuve Gazeaux, 48 ans, de Beaupréau.

13 Marie Renou, fille, 23 ans, de Cholet.

14 Modeste Soulard, fille, 29 ans, de Mortagne.

15 Thérèse Lebrun, fille, 32 ans, de Châtillon.

16 Marie Simoneau, fille, 36 ans, de Châtillon.

19 Marianne Hérault, veuve Germond, 37 ans, de Châtillon.

20 Marie Denou, fille, 20 ans, fileuse, de Cholet.

21 Marie Gouin, veuve Couzin, 48 ans, de Châtillon.

22 Marguerite Roulleau, fille, 65 ans, de Châtillon [1].

24 Charlotte Lecomte, fille, 50 ans, de Châtillon.

27 Félicité Pricet, fille, 48 ans, de Châtillon.

28 Victoire Gusteau, fille, 48 ans, de Châtillon.

29 Anne Bureau, femme de Pierre Binet, voiturier, 40 ans, de Cholet.

30 Anne Moreau, femme Cotanseau, 43 ans, de Cholet.

31 Mathurine Laurandeau, femme Guilleau, 39 ans, de Cholet.

33 Jeanne Chevalier, femme de François Léon, 27 ans, de Cholet.

35 Madeleine Vindre, allemande, son mari dragon.

36 Sophie Métrine, idem.

40 Jeanne Vigneron, veuve Ripoche, 41 ans, de Cholet.

41 Michel Gaignard, femme Humeau, 40 ans, de Cholet.

---

[1] Sophie Navry, femme de Philippe Houdet, de Cholet, 76 ans, est notée d'un G. « Maltraitait son mari quand il ne pilait pas les patriotes » n° 23.

50 Perrine Gazeau, fille, 27 ans, de Bégrolles.

51 Marie Gazeau, fille, 24 ans, de Bégrolles.

52 Perrine Allard, femme Gazeaux, 63 ans, de Bégrolles.

53 Marie Raimbault, femme Réthorel, 58 ans, de Bégrolles.

54 Catherine Raimbault, 32 ans, de Bégrolles.

55 Madeleine Raimbault, 23 ans, de Bégrolles[1].

61 Jeanne Humeau, fille, 27 ans, de Bégrolles.

62 Marie Levesque, fille, 35 ans, lingère, de Chaudron.

63 Perrine Brandeau, 22 ans, de Saint-Aubin de Baubigné.

64 Marie Blednoir, 25 ans, de la Séguinière, malade.

65 Françoise Pasquier, fille, 24 ans, de la Gaubretière.

66 Perrine Pasquier, fille, 22 ans, de la Gaubretière.

67 Marie Guibert, femme de Pierre Serçul, 60 ans, de Sou-
    laines.

69 Marie Blénoir, 30 ans, de Saint-André-de-la-Marche.

70 Jeanne Audusseau, fille, 20 ans, de Vallet.

71 Marie Gourdon, fille, 24 ans, de Saint-Quentin-en-Mauges.

72 Marie Delhumeau, femme de Jean Hureault, 54 ans,
    de Rezé, près Nantes.

80 Françoise Cesbron, 29 ans, de Denée.

Femmes du Bon-Pasteur

83 Françoise Poirier, 60 ans, de Corzé, domestique du curé
    de Saint-Julien d'Angers, très suspecte.

87 Jeanne Gerfault, veuve Bineau, 39 ans, de Champtocé.

88 Jeanne Touzé, femme Lecomte, de Champtocé.

89 Jeanne Baudouin, femme de Pierre Robin, 45 ans, de
    Champtocé.

90 Jeanne Brun, femme Diard, dit Grandmaison, 47 ans, de
    Champtocé.

91 Renée Aubry, 28 ans, de Champtocé.

93 Michelle Bioteau, 39 ans, de Champtocé[2].

---

[1] Trois autres sœurs, Jeanne, 18 ans ; Anne, 17 ans ; Louise, 15 ans ;
sont l'objet de sursis.

[2] Presque toutes ces femmes reconnaissent avoir passé la Loire à
la suite de l'armée vendéenne. Elles furent fusillées le 29 nivôse.

Calvaire

Femme Jacquet, de Rablay.

Femme Beauvais, de Rablay.

Non interrogées, mais fusillées le 29 nivôse avec les femmes portées sur la liste qui précède [1].

Bon-Pasteur

84 Madeleine Méron, femme de Louis Sinan, brigand, de Denée.

85 Anne Joyeau, fille, 56 ans, de Denée.

86 Louise Brault, femme de Mathurin Pellier, 44 ans, de Champtocé.

96 Julienne Chaillou, fille, 29 ans, de Champtocé.

Fusillées avec les autres, bien qu'un sursis leur eût été accordé [2].

Pénitentes

100 Marie Ripeau, fille, 19 ans, de Fontenay, arrêtée à Châteaugontier.

Également fusillée, quoique ayant été l'objet d'un sursis [3].

Liste des femmes de la prison nationale (f° 48), sans date, sans signatures, mais antérieure au 3 pluviôse

5 Rose Jubin, veuve Forestier, 42 ans, de Saint-Florent.

6 Perrine Marcou, veuve Louis Jarry, 62 ans, de la Jaille-Yvon.

---

[1] Déposition faite, le 23 prairial an III, par Joseph Trotouin, administrateur de la maison du Calvaire, devant Macé des Bois, juge directeur du juré d'accusation dans la procédure suivie contre les terroristes. Autre déposition faite le 3 brumaire an III devant le comité révolutionnaire par la citoyenne Esdin, administratrice de ladite maison.

[2] Certificat et dépositions des citoyennes Marie-Françoise Thiout, Jeanne Charron et Catherine Prieur-Duperray, administratrices de la prison du Bon-Pasteur, du 1er brumaire an III.

[3] Certificat, en date du 11 pluviôse an II, de la citoyenne Papouin, administratrice de la maison des Pénitentes.

14 Louise Leroy, fille, 30 ans, de Maulévrier.

17 Marie Réthureau, fille, 50 ans, de Cossé [1].

18 Marie-Anne Fortin, femme de Jacques Moreau, 45 ans, de Mortagne [2].

19 Jeanne Martin, femme de Pierre Parant, 35 ans.

21 Anne Crespellière, fille, 29 ans, de Cholet.

26 Marie Boutin, 22 ans, fille, de Chemillé.

27 Jeanne Bureau, fille, 22 ans, de Mozé.

30 Françoise Morineau, veuve de Jean Tudoux, de Savennières, 53 ans [3].

36 Magdeleine Nail, fille, 25 ans, de Juigné-Béné [4].

37 Monique Picherit, 30 ans, fille, de Chalonnes.

43 Marie Deglatiné, fille, 27 ans, de Denée.

48 Jeanne Gaignard, femme de René Joubert, 39 ans, de Denée.

54 Jeanne Godineau, fille, 50 ans, de Cossé, malade.

57 Perrine Masson, 40 ans, de Saint-Pierre-du-Chemin.

Femmes de la citadelle

58 Marie Brunet, veuve Robineau, 36 ans, de Cholet.

59 Renée Dillé, femme Louis Cousin, 47 ans, de Saint-Christophe.

60 Renée Cesbron, 31 ans, fileuse, de Denée.

61 Renée Chemineau, femme d'Antoine Pommereau, 34 ans, de Mazières.

62 Marguerite Durand, fille, 23 ans, de la Séguinière.

63 Jacquine Durand, fille, de Mazières.

64 Magdeleine Guitton, fille, 27 ans, de Treizevents [5].

[1] Ancienne domestique de curé.

[2] La mention — morte — placée à la suite de son nom ferait supposer que cette femme est morte naturellement, avant la fusillade.

[3] « A retiré son fils et son neveu brigands. »

[4] Domestique de M. Chesneau, curé de Montreuil-Belfroy, guillotiné le 11 nivôse an II avec M. Doguereau, prieur-curé de Saint-Aignan d'Angers.

[5] Jeanne Trotin, femme de Pierre Grault, de Saint-Fulgent, marquée d'un F obtient un sursis, vu son état de grossesse, n° 7 de la liste.

Julie Godet, 65 ans, religieuse de Vezins, n° 55, est également l'objet d'un sursis. On la retrouve dans l'interrogatoire du 3 pluviôse sous le nom de Julienne Gobé. Son nom est alors marqué d'un G. Elle mourut sans doute en prison.

Pièces venues de Cholet (et interrogatoires) concernant 21 fusillés du 29 nivôse dont les noms suivent [1]

1 Michel Gaultier, tisserand à Bégrolles.

2 Nicolas Thomédé, journalier, de Nueil, 34 ans [2].

3 Pierre Belouinaud, de Gonnord, 20 ans.

4 Augustin Moreau, boulanger, de Chollet, 42 ans.

5 François Bain, de la commune du Moutier, marchand, 47 ans.

6 René Chiron, de la Romagne, tisserand, 30 ans [3].

7 Pierre Vitré, métayer, de Vezins, 32 ans.

8 René Rochard, journalier, de Cossé, 57 ans (ou de Chanteloup).

9 Jacques Dillé, fabricant, de la Tessoualo, 30 ans.

10 René Baranger, tisserand, des Gardes, 20 ans.

11 Mathurin Magon, de Mortagne, 35 ans.

12 René Gourdon, tisserand, de Cholet, 39 ans.

13 Jacques Pabœuf, de Cholet.

14 Pierre Charbonnier de Vezins, 18 ans.

15 Louis Frouin, de Chanteloup, 31 ans.

16 Pierre Girard, domestique, de Cholet, 31 ans [4].

17 François Gagneux, de Chanteloup, 60 ans.

18 René Body, de Vezins.

19 Perrine Besson, fille, de Chollet, 51 ans.

20 Michel Pauvert.

21 Yves Gandon, tanneur, de Joué, près Gonnord, 41 ans.

---

[1] Liasse 12e des Archives de la Commission Félix. On retrouve les noms de ces individus sur une liste sans date et sans signature jointe aux cahiers d'interrogatoires des détenus, folio 58 de la liasse.

L'interrogatoire spécial de Yves Gandon porte en marge la mention « pour la fusillade » et au-dessous « fusillade du 29 nivôse ».

[2] En marge « mort ».

[3] La femme Louise Froger, femme de Michel Gaultier du May, 31 ans, ayant invoqué son état de grossesse, ne fut pas fusillée. Elle est interrogée le 3 pluviôse à la prison nationale (n° 23) et le 11 au Bon-Pasteur n° (22). Elle est dite alors grosse de 5 mois.

[4] La liste porte que Girard obtint un sursis.

Prisons nationales (f° 8). 30 nivôse et 1er pluviôse

1 Jacques Maunoir, âgé de 18 ans, né à Saint-Florent.

3 Martin Pichon, âgé de 37 ans, né à Angers, cordonnier.

6 Jean Auger, 35 ans, né à la Pommeraie.

7 Pierre Petiteau, 27 ans, né à la Pommeraie, métayer.

8 René Gaudin, 51 ans, cordonnier, né à la Jumellière.

9 Laurent Avrillon, 62 ans, né à la Pommeraie, métayer.

10 Jacques Usureau, 63 ans, né à la Pommeraie, métayer.

11 Jacques Aunillon, 18 ans, né à la Pommeraie, métayer.

13 François Chemineau, 35 ans, né à Gonnord, tisserand.

14 Jacques Pireau, 45 ans, né à Coron, domestique, métayer.

15 Pierre Robereau, 20 ans, né à Coron, tisserand.

16 Jean Bazantay, 21 ans, né à Thouarcé.

17 Louis Gâcher, 17 ans, né à la Fosse.

18 François Frébault, né à Beaulieu, laboureur.

19 Jacques Plessis, 22 ans, né à la Fosse.

20 François Frébault, 27 ans, né à Beaulieu, laboureur.

21 Jacques Levoyer, 65 ans, né à Drain, journalier.

22 Jean Barost, âgé de 54 ans, né à la Poitevinière.

26 René Levron, 27 ans, né à la Chapelle, près Saint-Florent, cordonnier.

27 Nicolas Pointel, 18 ans, né à Gené, près Segré, laboureur.

28 Claude Gastineau, 17 ans, de Saint-Aubin-du-Pavoil.

29 Jean Buron, 24 ans, de la Poitevinière, laboureur.

30 Mathurin Martin, 34 ans, de Chaudefonds.

31 François Bréchet, 16 ans, de Saint-Aubin-de-Luigné.

32 Pierre Chauvigné, 27 ans, né à Saint-Aubin-de-Luigné.

33 Pierre Lahaye, 18 ans, né à la Plaine.

34 Pierre Gourdon, 37 ans, né à la Poitevinière.

35 Pierre Gourdon, 63 ans, né à la Poitevinière.

36 Pierre Gourdon, 50 ans, né à Sainte-Christine.

37 Jacques Hervé, 60 ans, né à Sainte-Christine.

38 Olivier Guiyard, 40 ans, né à Azé, près Châteaugontier, journalier.

39 René Contenseau, 23 ans, de Chalonnes, laboureur.

40 Pierre Bernier, 64 ans, né à Neuvy, près Saint-Florent.

41 Jean Loytière, 17 ans, demeurant à Saint-Lambert.

42 Joseph Grimault, 22 ans, né au Pin-en-Mauges, laboureur.

43 Jean Bedunot, 51 ans, demeurant à Chalonnes, métayer.

44 Denis Auger, 40 ans, domicilié à Chalonnes.

45 René Baudonnier, 41 ans, domicilié à Mozé, laboureur.

46 Pierre Sebillot, 22 ans, demeurant à Saint-Sauveur-de-Landemont

47 Pierre Charron, 47 ans, demeurant à Landemont, boulanger.

49 Louis Dixneuf, 49 ans, demeurant à Neuvy, fileur de laine.

50 Pierre Nouette, 58 ans, maçon à Neuvy.

51 Zacharie Moreau, 57 ans, journalier, fileur de laine à Neuvy.

52 Charles Béclain, 53 ans, journalier bêcheur à Neuvy.

53 François Raby, 45 ans, charcutier à Neuvy.

54 Pierre Pineau, 60 ans, journalier à Neuvy.

55 Pierre Auger, 27 ans, marchand de fil à Neuvy.

56 Jean Auger, 27 ans, cardeur de laine, de Neuvy.

57 François Pirois, 27 ans, serger, de Neuvy.

58 Jean Brain, 40 ans, closier, de Saint-Macaire.

59 Jean Gazeau, 33 ans, voiturier par terre, de Neuvy.

60 René Coiffard, 37 ans, de Saint-Pierre-de-Morvault, journalier.

61 Jean Vigneau, 40 ans, journalier, de Neuvy.

63 Michel Deroire, 51 ans, journalier, laboureur, de Sainte-Christine.

65 Michel Guibert, 34 ans, de Sainte-Christine, maçon, tailleur de pierres.

66 Valérien Delahaie, 35 ans, serger, de Sainte-Christine.

67 Joseph Bouet, 45 ans, tisserand, de Sainte-Christine.

68 Pierre Charrier, 40 ans, marchand de fil, de Chemillé.

69 Pierre Goizet, 18 ans, né à Beaulieu, vigneron.

70 François Coudret, 19 ans, né à la Salle-de-Vihiers, aubergiste.

71 Louis Charrier, 16, ans, de Boupère (Vendée) domestique métayer.

72 Pierre Tessier, 22 ans, d'Angers, domestique de Mme de Contades.

73 Georges Ferret, 60 ans, mineur, de la Chapelle-Saint-Florent.

74 Jean Blond, 63 ans, fileur de laine, de Neuvy.

75 Gabriel Pétry, 22 ans, marchand de fil, du Ménil, près Châteaugontier.

76 Mathurin Godard, 26 ans, laboureur, né à Chalonnes.

77 François Noyer, 62 ans, maître tisserand, de Neuvy.

79 Claude Olivier, 26 ans, demeurant à Paris, né à Salins, commis négociant [1].

80 Jacques Sarrazin, 24 ans, né à Châteaucin, près la Châtaigneraie, charpentier.

81 Pierre Bouvet, 21 ans, mineur, de Nort, près Nantes.

82 Jacques Grenon, 26 ans, laboureur, né à Varades.

83 Gabriel Mercier, 21 ans, laboureur, de Varades.

84 François Blain, de Saint-Vallier, près Lyon, 22 ans, laboureur et soldat.

86 Jacques Goffriot, 53 ans, fileur de laine, de Neuvy.

88 Jacques Berouet, 54 ans, maçon, de Neuvy.

89 Jean Pinaut, 40 ans, fileur de laine, de Neuvy.

90 Joseph Breton, 40 ans, de Cholet, perruquier [2].

91 Pierre Gazeau, 35 ans, cardeur de laine à Neuvy.

93 Jacques Benoît, 39 ans, métayer, de la Salle-de-Vihiers.

94 Étienne Malinge, 45 ans, métayer, de Neuvy.

95 Maurice Bourigault, 48 ans, journalier, de Neuvy.

96 René Guiton, 60 ans, serger et notable, de Neuvy.

97 Victor Marchand, 26 ans, laboureur, de Vauchrétien.

98 Julien Poissonneau, 33 ans, taillandier, de Neuvy.

99 Joseph Nouet, 20 ans, fileur de laine, de Neuvy.

1er pluviôse

-101 .... Loriquet..., tisserand, de Neuvy [3].

102 Pierre Jarry, 33 ans, tisserand à Saint-Lézin.

---

[1] « A été reconnu comme espion par Morin et Vacheron. »
Reconnaît « avoir accommodé Mme la baronne de Vezins ».
A refusé de fournir d'autres renseignements.

102 Michel Martineau, 37 ans, cardeur de laine à Saint-Lézin.

104 René Jarry, 24 ans, tisserand à Saint-Lézin.

105 François Jouet, 46 ans, tisserand de Saint-Lézin.

106 René Mousseau, 42 ans, journalier de la Poitevinière.

107 Jean Marchand, 38 ans, cardeur de laine, de la Poitevinière.

109 Jean Gourdon, 42 ans, métayer, de la Poitevinière.

110 Mathurin Guilbertière, 52 ans, du Pin-en-Mauges.

111 Joseph Guignard, 57 ans, cordonnier, de la Poitevinière[1].

112 René Rochard, 28 ans, métayer, de la Poitevinière.

113 René Blond, 58 ans, tisserand, de la Poitevinière.

114 René Berthelot, 56 ans, tailleur, de la Poitevinière.

115 Hilaire Rochard, 27 ans, jardinier, de la Poitevinière.

116 Joseph Bénard, 50 ans, tisserand, de la Poitevinière.

117 Pierre Marchand, 50 ans, journalier, de la Poitevinière.

118 Pierre Rochard, 35 ans, tisserand, de la Poitevinière.

119 Pierre Gourdon, 42 ans, tisserand, de la Poitevinière.

121 Michel Sapin, 35 ans, tisserand, de Sainte-Christine.

122 Nicolas Boulestreau, 22 ans, laboureur, de Sainte Christine.

123 Louis Galard, 18 ans, meunier, de Neuvy.

124 René Alemand, 65 ans, maçon, de la Poitevinière.

126 Jean Rochard, 40 ans, domestique, de la Poitevinière.

128 Jean Avrillon, 26 ans, garçon boucher, de Varades.

129 René Bellon, 16 ans, tisserand, de la Chaiseviau, près la Roche-sur-Yon.

131 Jean Paquay, 66 ans, laboureur, de Neuvy.

133 Jean Becheray, 59 ans, métayer, de la Poitevinière.

134 René Moreau, 59 ans, fermier, de la Poitevinière.

135 Joseph Férouin, 52 ans, closier, de la Poitevinière.

137 Jean Chavatte, 43 ans, métayer, de la Poitevinière.

138 François Rubion, 17 ans, voiturier par terre, de Clisson.

139 René Boideron, 52 ans, closier, de la Poitevinière.

[1] A suivi les Vendéens, mais, ajoutent les commissaires recenseurs, « n'a porté d'autres armes que celles de saint Crépin ».

140 Joseph Pigeau, 20 ans, métayer, de Neuvy.

141 René Niau, 26 ans, tisserand, de la Poitevinière.

142 Charles Gaudin, 22 ans, tisserand, du Pin-en-Mauges.

143 Jean Massé, tisserand, 33 ans, de la Poitevinière.

144 François Tertreau, 62 ans, faiseur de cercles, du Pin-en-Mauges.

146 Jean Bénard, 31 ans, tisserand, de la Poitevinière.

147 Louis Usureau, 27 ans, tisserand, de la Poitevinière.

148 Michel Usureau, 25 ans, tisserand, de la Poitevinière.

150 Jacques Jamain, 18 ans, serger, du Pin-en-Mauges.

151 Joseph Rufin, 38 ans, tisserand, de la Poitevinière.

152 Louis Morillon, 45 ans, closier, du Pin-en-Mauges.

153 Jacques Plugeau, 27 ans, tisserand, de la Poitevinière.

154 Jacques Lallemand, 21 ans, menuisier, de la Poitevinière.

155 Jacques Bréheray, 18 ans, métayer, de la Poitevinière.

156 Étienne Merlet, 23 ans, métayer, de la Poitevinière.

157 Joseph Boisdron, 26 ans, sabotier, de la Poitevinière.

158 Jacques Jamain, 49 ans, serger, du Pin-en-Mauges.

159 René Augé, 51 ans, sabotier, du Pin-en-Mauges.

161 Pierre Passedoit, 21 ans, couvreur, de Champtocé[1].

162 Jacques-Philippe Desaunay, 42 ans, de Chavagnes[2].

163 Mathurin Thiron, 55 ans, cordonnier, de Trémentines.

164 Pierre Godinot, 17 ans, garçon métayer, de la Poitevinière.

166 Pierre Béranger, 31 ans, laboureur de Fors, près Vihiers.

167 François Pirouelt, 50 ans, laboureur, de Chanteloup.

168 Jacques Frangel, 50 ans, laboureur, de Chanteloup.

169 Mathurin Cesbron, 20 ans, meunier, du Pin-en-Mauges.

172 Mathurin Richoux, 42 ans, métayer, de la Poitevinière.

177 Pierre Rochepol, 52 ans, laboureur, de Chambellay.

178 Antoine Grellier, 19 ans, tisserand, de la Jumellière.

179 Jean Bault, 28 ans, métayer, aux Peignes, en Poitou.

181 Pierre Bault, 38 ans, métayer, aux Peignes près Châtillon.

---

[1] Il reconnaît avoir reçu six livres pour planter le drapeau blanc au sommet du clocher de Champtocé.

[2] Greffier de la justice de paix du canton.

182 Louis Raimbault, 38 ans, laboureur à Champtocé.

183 Pierre Gerfond, 28 ans, laboureur à Chalonnes.

185 Pierre Froger, 32 ans, laboureur à Chanteloup.

186 Jean Froger, 30 ans, laboureur à Chanteloup.

187 Louis Raffenaut, 37 ans, marchand au Bouldroux.

192 Pierre Hamelin, 18 ans, laboureur, de Saint-Martin-du-Bois.

193 René Gazeaux, 28 ans, fileur de laine à Sainte-Christine.

194 André Nattier, 36 ans, tisserand à la Chapelle-sur-Oudon.

195 Pierre Girault, 17 ans, tisserand à la Poitevinière.

196 François Coeffart, 40 ans, métayer à Saint-Pierre de Morvault[1].

197 Laurent Bourdais, 23 ans, filassier à Sœurdres.

198 Emmanuel Delaunay, 19 ans, laboureur à Louvaines.

203 François Léger, 43 ans, laboureur, de Neuvy.

205 Antoine Garreau, 24 ans, métayer à la Tour-Landry.

206 Mathurin Méron, 37 ans, charpentier à Saint-Véran, en Poitou.

213 Louis Vénard, 30 ans, maréchal à Cholet.

214 Maurice Merzeau, 45 ans, tisserand à Neuvy.

215 Étienne Grimaud, 27 ans, voiturier au Pin-en-Mauges.

220 Pierre Brullé, 21 ans, boulanger à Beaupréau.

222 François Sachette, 42 ans, journalier à Maulévrier.

223 Jean Usureau, 34 ans, tisserand à Maulévrier.

226 Jean Patarin, 29 ans, laboureur à Beaulieu.

227 François Poissonneau, 18 ans, laboureur à Chalonnes.

228 René Turquay, 25 ans, tailleur de pierres à Contigné.

238 Louis Rabin, 38 ans, journalier à Vezins.

240 Jacques Paquet, 38 ans, journalier à Gonnord.

241 François Picherit, 22 ans, journalier à Chemillé.

242 Mathurin Bodin, 27 ans, laboureur à Saint-Georges-sur-Loire.

243 François Giffard, tisserand, 18 ans, de la Chapelle-Saint-Laurent.

244 Jacques Ménard, 26 ans, domestique à Élusson.

[1] Montrevault.

245 Jacques Poillaud, 25 ans, voiturier à la Boissière du Doré.

247 Michel Pauvert, 56 ans, cabaretier à Coron.

248 François Roziau, 20 ans, laboureur à Chantonnay.

250 Joseph Marcio, 33 ans, tisserand au May.

251 François Marchand, 50 ans, laboureur à Denée [1].

Femmes détenues à la prison nationale (f° 64)
3 et 4 pluviôse

6 Renée Cointre, femme Marchand, 40 ans, fileuse, de Bou-zillé [2].

12 Marie Hardoue, veuve Drouet, 51 ans, de Varades.

13 Jacquine Avrillon, 22 ans, métayère, de Chalonnes.

14 Jeanne Gruget, veuve Doly, 63 ans, marchande, de Beau-préau [3].

15 Françoise Martin, fille, 24 ans, métayère, de Chaude-fonds.

16 Jeanne Guignard, fille, 24 ans, domestique, de Chaude-fonds.

17 Jacquine Lemonnier, fille, 68 ans, de Saint-Melaine.

21 Femme Revellière, a suivi les réfractaires.

22 Marie Pottier, fille, 41 ans, domestique, de Durtal, au ser-vice d'un prêtre réfractaire, arrêtée pour avoir eu très grand soin de ce prêtre et être très aristocrate.

27 Perrine Frouin, veuve Gastée, 43 ans, fileuse, de Chan-zeaux.

29 Anne Mériau, fille, 19 ans, domestique, de Saint-Lézin.

31 Marie Leroy, fille, 25 ans, lingère, de Montilliers.

---

[1] Le registre est signé de Morin, Vacheron et Baudron, commis-saires recenseurs.

Tous les individus compris sur cette liste reconnaissent avoir fait partie de l'armée vendéenne ; plusieurs d'entre eux déclarent n'avoir pris les armes que pour le soutien de la religion catholique, aposto-lique et romaine. Ils paraissent avoir été tous compris dans les fusillades des 1er et 2 pluviôse an II.

[2] « A cinq enfants de 10 mois à 12 ans. »

[3] Sœur de M. Gruget, curé de la Trinité d'Angers.

35 Jeanne Lemay, femme Camouin, 40 ans, d'Angers [1].

43 Anne Lemanceau, 34 ans, d'Angers, domestique de la femme Bulkeley [2].

4 pluviôse

52 Renée Guy, femme du nommé Peroteau, 32 ans, de Saint-Léger.

53 Marie Meunier, fille, 63 ans, couturière, de Saint-Melaine.

54 Perrine-Marie-Jeanne Grille, fille, 50 ans, de Soulaines.

56 Élisabeth Avril, fille, 43 ans, lingère, à Brissac.

60 Renée Martin, veuve Charles Brémont, 50 ans, de Chanteloup.

61 Renée Brémont, fille, 21 ans, de Chanteloup.

Femmes malades

67 Sophie Guillerin, fille, 46 ans, de Mortagne.

68 May Chevallier, fille, 28 ans, de Saint-Christophe, près Mortagne.

70 Anne-Françoise, veuve de Pierre Oudet, marinière, de Chalonnes, 40 ans.

Hommes

71 Jean Dabin, 49 ans, tisserand, de Cholet.

72 François Vinet, 61 ans, cordonnier, de Tiffauges.

73 Jacques Martin, 40 ans, né au May, colporteur, à Cholet.

74 Jean Tournery, 40 ans, fabricant de mouchoirs, de Saint-Pierre de Cholet.

76 Guy Retatau, 41 ans, cordonnier, de Cholet.

77 Louis Froger, 45 ans, métayer, de Chanteloup.

[1] Parente de M. le curé Gruget ; son mari, huissier à Chalonnes, avait été guillotiné le 3 frimaire, 23 novembre 1793. L'F placé devant le nom de la femme Camoïn a été barré et remplacé par la syllabe guil. qui la désignait pour la guillotine. Puis on a mis de nouveau un F qui l'a fait comprendre dans la fusillade du 1er février 1794.

[2] M. William de Bulkeley, officier irlandais au régiment de Walsh, avait été condamné à mort le 13 nivôse. Sa femme, née Talour de la Carterie, fut épargnée, vu son état de grossesse. La fille de celle-ci, née d'un premier mariage, mourut en prison.

78 Nicolas Barbotte, 61 ans, tisserand, de Saint-Pierre-des-Échaubroignes.

79 Pierre Triquoy, 26 ans, de Cholet.

81 Louis Garreau, 23 ans, métayer, de la Verrie, près Montaigu.

82 François Dénéchault, 38 ans, tisserand, de Cholet.

84 René Chauvin, 29 ans, serrurier, des Ponts-de-Cé.

85 Jacques Ripoche, 32 ans, tailleur de pierres, de Tiffauges.

90 Jean Bénéteau, 36 ans, de Maulévrier, tisserand, à Cholet [1].

Prison du Calvaire (f° 193), 4 pluviôse.

5 Marie Galard, femme de Jean Quesson, 55 ans, de Saint-Laurent, près Monglône.

6 Marie Quesson, femme de Michel Thomas, 33 ans, de Saint-Laurent.

8 Marie Chauvigny, femme de Jacques Roreleau, 40 ans, fileuse.

17 Louise Augel, femme de Mathurin Martin, 36 ans, de Saint-Laurent-de-la-Plaine.

5 pluviôse.

34 Charlotte David, fille, 33 ans, de Chalonnes, fileuse.

37 Marie Vallin, fille, 38 ans, de Chaudefonds.

38 Marie Bédunot, fille, 25 ans, de Chalonnes.

39 Renée Vallin, fille, 35 ans, de Chaudefonds.

---

[1] Les individus portés aux numéros suivants : 75, Pierre Baranger, 42 ans, tisserand, de Saint-Pierre de Cholet ; 80, Joseph Goubault, 48 ans, tisserand et barbier à la Séguinière ; 86, Pierre Kulier, 52 ans, aubergiste à Cholet ; 87, Joseph Roger, 21 ans, aubergiste à Tiffauges ; 91, François Martin, 27 ans, de la Gaubertière, près Montaigu, maréchal, furent, non pas fusillés, mais guillotinés, en vertu d'un jugement de la Commission Félix en date du 5 pluviôse.
La lettre F placée devant le nom du n° 88, François Dixneuf, 26 ans, de Saint-Christophe, métayer, a été barrée. Il fut épargné pour cette fois, mais fut compris dans la fusillade du 22 pluviôse.
Le cahier d'interrogatoires est signé seulement de Morin.

41 Marie Pichery, femme de Bertrand Lahaye, 39 ans, de
Chalonnes.

45 Jeanne Ogé, veuve de Joseph Chény, 69 ans, de Chalonnes[1].

Prison du Calvaire (f° 189), 6 pluviôse.

8 Louise Ralié, veuve du chevalier ci-devant René Déhans,
lieutenant au régiment de Champagne, 60 ans.

9 Louise Déhans, fille de la précédente, 35 ans, ci-devant
noble[2].

12 Anne Galard, femme d'Alexandre Lateule, 45 ans, de Saint-
Laurent, fileuse, a assisté aux cérémonies prêtriales qui
avaient lieu au chêne.

17 Marianne Thérèse Turpault, veuve de Pierre Pichery,
64 ans, de Chalonnes.

21 Sainte Guerif, femme de Claude Perché, 35 ans, de Saint-
Florent.

24 Renée Martin, femme de Louis Martin, 41 ans, marchand
de fers à Chalonnes

26 Cécile Bernardot, femme de Jérôme Lepage, fileuse, 58 ans,
de Durtal.

29 Anne Vidamont, fille, 53 ans, fileuse, de Durtal.

32 Françoise Micheau, fille, 28 ans, de la Pommeraie[3].

---

[1] A la fin des interrogatoires de Marie Vallin et Marie Bédunot, se
trouve la mention *à examiner*.
Les femmes portant les numéros 7 et 21 sont notées d'un F, mais
furent épargnées par suite de leur état de grossesse. On les retrouve
de nouveau au Calvaire le 18 pluviôse et ensuite en germinal.
Morin et Ruffey ont signé à la fin des interrogatoires du 4 pluviôse,
après le numéro 23.
Ni clôture, ni signatures à la fin. Les interrogatoires s'arrêtent au
bas d'une feuille in-folio double. Il serait possible que la suite manquât (51 détenues).

[2] Mmes Déan de Luigné avaient été notées toutes les quatre d'un G
qui les désignait pour la guillotine. Ce G a été remplacé pour la
mère et la fille aînée, par un F qui les a fait comprendre dans la
fusillade la plus rapprochée. Les deux autres demoiselles Déan furent
épargnées.

[3] Les nos 35, Mme Laplanche de Ruillé, née de Bec-de-Lièvre, et 36,
Marie Laplanche de Ruillé, âgée de 20 ans, ont eu leurs noms marqués d'un F. Mais, comme on retrouve ces deux dames portées dans
des interrogatoires postérieurs, il paraît certain qu'elles n'ont pas
été exécutées.

36 Marie Colesson, femme de Julien Brevet, 45 ans, de Sainte-
Christine.

44 Jeanne Boissière, femme de Jean Sursau, 42 ans, de Sainte-
Christine [1].

Prison du Calvaire (f° 215), 7 pluviôse an II.

10 Renée Joyau, femme de Pierre Blouin, tailleur de pierres
à Denée, 30 ans.

11 Marie Hodée, 30 ans, femme de Pierre Marchand, laboureur à Denée.

15 Jeanne Boulitreau, 40 ans, veuve de Jean Binet, cordonnier à Saint-Laurent-de-la-Plaine.

22 Marie Allard, veuve Mathurin Chauvat, marinier à Chalonnes, 60 ans.

32 Anne Deshays, femme Jean Dolbeau, 65 ans, de Saint-
Maurille des Ponts-de-Cé.

35 Marie Leroy, femme de Pierre Brevet, filassier à Saint-
Laurent-de-la-Plaine, 38 ans.

38 Renée Guilleteau, veuve de René Raimbault, 40 ans, de
Saint-Laurent-de-la-Plaine.

43 Jeanne Dénécheau, femme de Mathurin Bouillé, 40 ans,
de Saint-Laurent-de-la-Plaine.

46 Marie Dubois, 56 ans, femme de Julien Hamard, tailleur
à Chaudefonds.

47 Charlotte Robineau, 50 ans, veuve Jacques Brunsard, à
Saint-Laurent-de-la-Plaine.

49 Simone Chauvigné, 68 ans, veuve Charbonneau, boulangère,
à Chaudefonds.

[1] La lettre F placée devant le nom de Jeanne Boissière a été barrée.
Morin et Ruffey ont signé à la suite de ce nom.
Pas de clôture ni de signature à la fin (49 détenues).
Les n°° 6, Louise-Renée-Gabrielle Pitard, veuve la Pissodière ;
41, Louise Galard, veuve de Pierre Grenouillot de Sainte-Christine ;
47, Jacquine Neveu, fille, 31 ans, de Chalonnes, ont été notées d'un F.
Mais elles obtinrent un sursis, car on les retrouve dans un autre
cahier d'interrogatoires du 18 pluviôse et jours suivants. Aucun signe
n'est alors placé en face de leurs noms.

63 Gabrielle Androuin, fille, 38 ans, de Saint-Lambert-du-Lattay [1].

64 Suzanne Androuin, fille, 36 ans, de Saint-Lambert-du-Lattay.

65 Perrine Androuin, fille, 32 ans, de Saint-Lambert-du-Lattay.

66 Perrine Dion, 53 ans, femme de René Audineau.

71 Marie Gourichon, fille, 30 ans, du Voide.

74 Marie Poitevin, fille, 18 ans, de Denée.

77 Cécile Colineau, 50 ans, femme de Nicolas Jamin, tisserand.

83 Marie Chevrier, fille, 19 ans, de Cholet.

84 Perrine Brouard, fille, 18 ans, des Cerqueux de Maulévrier [2].

Prison du Calvaire (f° 173) 5-6-7 pluviôse.

5 Marie-Valentine Tessier, 54 ans, née aux Rosiers, femme de Pierre Laurier, de Saint-Mathurin.

6 Adélaïde Richard-Castelnau, 26 ans, fille, ci-devant noble, d'Angers.

7 Françoise Cady, fille, 46 ans, fille de Charité à Rochefort.

8 Madeleine Blond, fille, 30 ans, de Chaudefonds [3].

15 Jeanne Touchard, 44 ans, née à Saint-Maurille de Chalonnes, femme de Jean Chalonneau, filassier.

18 Louise Parsa, (Persac), 58 ans, fille, née à Villebernier, religieuse des Ponts-de-Cé [4].

20 Mathurine Babin, 34 ans, fille hospitalière à Gonnord.

21 Louise Barré, 40 ans, née à Marcé, femme de René Martin, tailleur de pierres à Gonnord.

22 Jeanne Bioteau, 62 ans, née à la Salle-de-Vihiers, veuve de Jean Ciré, couvreur à Gonnord.

23 Jeanne Ménars, 46 ans, fille hospitalière à Gonnord.

---

[1] Les demoiselles Audrouin reconnaissaient avoir reçu chez elles plusieurs prêtres réfractaires, notamment MM. Androuin (leur frère), Hermenot, Benoist, etc.

[2] Cinq femmes portant les n°s 1, 23, 30, 31 et 42 avaient été notées pour la fusillade, mais furent épargnées, car on les retrouve dans un cahier d'interrogatoires postérieur, du 18 pluviôse et jours suivants. Trois d'entre elles se disaient grosses.

[3] Son père mort à Doué, sa mère détenue au Bon-Pasteur.

[4] Celle-ci avait offert de prêter serment, ainsi qu'il est constaté dans son interrogatoire. Elle n'en fut pas moins fusillée avec les autres.

24 Madeleine Perrotin, née à Saint-Germain-des-Prés, veuve de Pierre Rousseau, vigneron.

25 Anne-Françoise de Villeneuve, née à Seiches, fille ci-devant noble, 51 ans, domiciliée à Huillé.

31 Jeanne Boutet, 44 ans, née à Sarmets (? Sermaise), veuve de François Coquineau, mendiante.

32 Marie Faucheux, 53 ans, née à Boesse, fileuse, veuve de René Bancherot, charpentier.

33 Marie Cassin, 64 ans, née à Chanteloup, veuve de Pierre Moreau, laboureur.

34 Marie Richaux, 48 ans, née à Vezins, femme de Jean Boucher, tisserand à Chanteloup.

35 Catherine Cotensot, 60 ans, née à Bressuire, fille.

39 Rose Quénion, 28 ans, née à Mozé, fille, domestique.

42 Marie-Anne Héraude, 30 ans, née à la Flocellière, veuve de Jean Germond, tisserand à Châtillon.

43 Marie Guérin, 56 ans, née à Angers, fille, fermière à Chalonnes.

44 Marie Avrillon, 52 ans, née à Saint-Quentin en Poitou, domestique à Chalonnes.

45 Jeanne Bourigaud, 35 ans, née à Chaudefonds, journalière.

46 Michelle Diot, 42 ans, femme d'Antoine Rocher, journalière à Angers.

47 Victoire Bodusseau, 48 ans, née à Doué, femme de Gille Revellière, négociant à Cholet [1].

48 Marie Grillard, 40 ans, de Cholet, marchande.

50 Marie Manceau, 53 ans, née à Cholet, femme de Pierre Housselot, fabricant de mouchoirs.

53 Renée Grillard, 28 ans, née à Cholet, marchande.

56 Perrine-Charlotte Philippeaux, 54 ans, née à Saumur, femme d'Étienne-Mathurin Saillant [2].

[1] A la suite de son nom la mention à revoir.

[2] Les trois demoiselles Saillant et leur domestique sont notées F, à revoir, elles furent cependant fusillées avec leur mère.

M. Saillant était sieur d'Epinats et non d'Epinard, comme nous l'avons écrit par erreur d'après M. Gruget. La terre d'Epinats était située dans l'ancienne paroisse de Montfort aujourd'hui réunie à Cizay.

55 Perrine Saillant, 25 ans, née à Saumur.

56 Jeanne-Nicolle-Denise Saillant, 24 ans, née à Saumur.

57 Madeleine-Perrine Saillant, 23 ans, née à Saumur.

58 Françoise Bonneau, 30 ans, née à Saint-Léger, domestique des précédentes.

6 pluviôse.

59 Marguerite Juteau, 63 ans, née à Saint-Florent, femme de Pierre Piffard, marinier.

60 Anne Layant, 43 ans, née à Saint-Florent, veuve de Louis Abellard, huissier.

63 Marie Chupin, 36 ans, née à Jallais, femme de François Huteau, maçon.

73 Marie Gagnier, 40 ans, née à Ménil, près Châteaugontier [1].

81 Sophie Noury, 36 ans, née à Sablé, femme de Philippe Houdet, coutelier à Cholet.

95 Anne Bourigault, 60 ans, née à Savennières, femme de Olivier Breuillet, boucher à Rochefort.

98 Françoise Raimbault, 22 ans, née à la Jumellière, couturière.

100 Marie Puissant, 55 ans, née à Chalonnes, veuve Pierre Rochard, serger à Saint-Laurent.

109 Mathurine Bernier, 52 ans, née à Saint-Laurent-de-la-Plaine, fileuse, veuve de Pierre Cailleau.

110 Marie-Renée Germond, 49 ans, née à Montrevault, veuve de René-Clément Renault, notaire.

111 Jeanne Renault, 23 ans, née à Montrevault.

113 Catherine-Charlotte Renault, 24 ans, née à Montrevault, malade.

114 Marie Renault, 20 ans, née à Montrevault, malade.

7 pluviôse.

122 Anne A...ard, 51 ans, née à Saint-Clément, fileuse au Bourg-d'Iré, ancienne domestique du curé Raimbault, déporté.

---

[1] Cette femme et la précédente sont notées *à revoir* à la suite de leurs noms.

123 Françoise Courtois, 52 ans, née à Saint-Maurille des Ponts-
de-Cé, femme de Joseph Cazan, charcutier.

132 Françoise Breton, âgée de 30 ans, née à Denée, fileuse.

152 Perrine Pinon, 45 ans, née au Bourgneuf, femme de Jean
Belouin, marchande à Champtocé, malade agonisante.

168 Marie Gouzy, 51 ans, femme de Pierre Juel, tonnelier à
Rablay.

179 Félicité Martin, née à Beaupréau, fille, boulangère [1].

Prison du Bon-Pasteur (f° 311), 9 pluviôse [2].

12 Jacquine Fleurlot, 61 ans, née à Mozé, veuve de René
Quénion, fileuse à Denée.

19 Renée Poissonneau, 72 ans, née à Cholet, veuve de Jacques
Houdet, chirurgien à Chalonnes.

20 Magdeleine Houdet, 44 ans, née à Chalonnes, fille.

21 Marie Houdet, 42 ans, née à Chalonnes, fille.

22 Julie Houdet, 38 ans, née à Chalonnes, fille [3].

23 Françoise Bellanger, 58 ans, née à Angers, fille.

24 Marie Lemée, 65 ans, née à Saumur, femme de Nicolas
Lepage-Varancé, demeurant à Angers.

25 Françoise Pagis, 62 ans, née à Gouy, femme de François
Rouleau, demeurant à Angers [4].

32 Marie-Anne Vaillot, 60 ans, née à Fontainebleau, fille de
charité de l'Hôtel-Dieu Saint-Jean d'Angers.

33 Audile Baugard, 43 ans, née à Gondrexange en Lorraine,
fille de l'Hôtel-Dieu Saint-Jean [5].

---

[1] Cet interrogatoire est signé de Vacheron seul (181 détenues).
Ces femmes furent comprises dans la fusillade du 13 pluviôse.
Suivant le citoyen Trotouin, on leur adjoignit un certain nombre
d'autres femmes, malades, qui n'avaient subi aucun interrogatoire.

[2] Commissaire Vacheron, assisté de Brémaud, secrétaire.

[3] Les dames Houdet avaient d'abord été notées en marge *à revoir*,
puis un F, ajouté après coup sans doute, les a fait comprendre dans
la fusillade du 1er février 1794.

[4] Suspecte pour avoir hébergé pendant trois mois Mondor, curé
de Vauchrétien, prêtre réfractaire.

[5] Toutes les autres prisonnières sont notées *à revoir*.

Prison du Calvaire (f° 197), 11 pluviôse, arrêté de ce jour[1].

2 Marie Beziau, 44 ans, née à Saint-Aubin-de-Luigné, veuve de Jean Verdier, et femme de Pierre Leroy, journalière[2].

3 Marie Verdier, 33 ans, fille, fileuse à Saint-Aubin-de-Luigné.

5 Renée Cailleau, 42 ans, femme de René Girault, laboureur à Saint-Aubin-de-Luigné.

13 Jeanne Richer, 25 ans, née à Mozé, domestique à Saint-Aubin-de-Luigné.

16 Marie Simon, 48 ans, née à Denée, veuve de Augustin Beaufort, femme de André Moreau, marinier à Rochefort.

17 Perrine Palarin, 40 ans, née à Rochefort, femme de Jean Pichot, laboureur.

18 Renée Turquais, 41 ans, née à Chaudefonds, femme de Jean Lemonnier, bêcheur à Saint-Aubin-de-Luigné.

23 Marie Cesbron, 32 ans, née à Chanzeaux, femme de Pierre Suteau, laboureur à Saint-Aubin-de-Luigné.

24 Jeanne Onillon, 42 ans, née à Saint-Lambert-du-Lattay, femme de Pierre Blot, à Saint-Aubin-de-Luigné.

25 Geneviève Gueffier, 34 ans, femme de François Girault, laboureur à Saint-Aubin-de-Luigné.

28 Jacquine Hamelin, 26 ans, née à Mozé, femme de Louis Rocher, vigneron à Saint-Aubin-de-Luigné.

29 Françoise Nau, 44 ans, née à Mozé, veuve de Étienne Martin, charpentier.

34 Jeanne Musseau, 57 ans, née à Saint-Aubin-de-Luigné, femme de Luc Verdier, laboureur.

35 Marguerite Rivière, 37 ans, née à la Ferrière, femme de Louis Huau, dit Saint-Amant, de Saint-Aubin-de-Luigné.

[1] Vacheron, commissaire nommé pour interroger 66 femmes et enfants amenés depuis le 8 de ce mois, assisté de Brémaud, secrétaire.

[2] Les n°s 2, 3, 4, 5, 8, 9, 11, 20, 21, 25, portent en marge F et à *examiner*, il est impossible de savoir si c'est après cet examen que l'F a été ajouté. On retrouve six de ces femmes dans un cahier d'interrogatoires postérieur en date. Les quatre autres, n°s 2, 3, 5 et 25 furent sans doute fusillées.

36 Jeanne Parent, 25 ans, fille, née à Saint-Aubin-de-Luigné,
   domestique.

37 Perrine Parent, 24 ans, fille, née à Saint-Aubin-de-Luigné,
   domestique.

38 Perrine Doyen, 29 ans, fille, née à Saint-Aubin-de-Luigné.

39 Marie Delaunay, 61 ans, née à Chalonnes, femme de
   Pierre Bodet, meunier à Neuvy.

40 Marie Angibault, 39 ans, née à Saint-Quentin-en-Mauges,
   femme de Jean Oger, vigneron à Chalonnes.

41 Jeanne Bidet, 64 ans, veuve de Jean Dubois, closier à
   Chalonnes.

42 Gabrielle Thomas, 32 ans, née à Saint-Laurent-de-la-
   Plaine, veuve de Jean Verger, voiturier par terre [1].

Prison du Calvaire (f° 140) 18 pluviôse.

Un cahier d'interrogatoires du 13 pluviôse, signé de
Vacheron désigné pour interroger quelques femmes
récemment amenées au Calvaire, contient seize détenues
sur vingt-deux désignées pour la fusillade. Mais cet interrogatoire semble avoir été mis de côté, nous ne savons
pour quel motif [2]. Quelques jours plus tard, le 18 pluviôse,
les commissaires recenseurs reviennent au Calvaire et
commencent une nouvelle série d'interrogatoires, comprenant cette fois toutes les femmes renfermées dans ladite
maison, au nombre de 313, et qui se continuent jusqu'au
24 dudit mois [3]. Or, on retrouve parmi ces détenues les
seize femmes notées d'un F le 13 pluviôse. Mais, à l'exception de quatre, aucun signe n'est placé devant leurs noms.

---

[1] Brémaud et Vacheron signent l'interrogatoire après avoir constaté qu'il ne reste plus personne à interroger.

[2] Folio 209 de la liasse. Commissaire Vacheron, désigné pour
interroger les nouvelles venues, qui a signé avec Brémaud, secrétaire,
en déclarant qu'il ne reste plus personne à interroger.

[3] Les commissaires sont cette fois au nombre de quatre, deux
membres de la commission Félix, Obrumier et Lepetit et deux
membres du comité révolutionnaire, Gouppil et Leduc, puis Plot.

Ces quatre femmes, interrogées du 18 au 21 pluviôse, ont dû être comprises dans la fusillade du 22. Ce sont :

90 Perrine Besnard, veuve d'Alexandre Aigrefeuille, 62 ans, de Soulaines (amenée la veille).

145 Radegonde Martin, femme de Jean Renou, 57 ans, de Saint-Aubin-de-Luigné (notée F, *à examiner* le 11 pluviôse).

247 Jeanne Boutin, femme de Jean Letheule, tailleur à Thouarcé, née à Faveraie (notée d'un F, le 13 pluviôse).

263 Jeanne Pousant, femme de Fougeré, cirier, de Chanzeaux, 57 ans (notée d'un F, le 13 pluviôse.)

Quatre autres, encore notées d'un F le 23 pluviôse. après la fusillade du 22, la dernière qui ait eu lieu au Champ des Martyrs d'après M. Gruget, durent par conséquent être épargnées.

Est-ce à dire qu'il n'y eut que quatre femmes de la prison du Calvaire fusillées le 23 pluviôse ? Hélas non ! Il résulte de la déposition faite, au mois de brumaire an III, devant Macé des Bois par le citoyen Trotouin, l'un des administrateurs de cette maison, qu'à la suite de nouveaux interrogatoires, faits par Morin et Vacheron au commencement du mois de pluviôse, 103 femmes du Calvaire furent fusillées, notamment toutes celles qui avaient été désignées comme femmes de brigands, quoiqu'un grand nombre d'entre elles n'eussent pas été interrogées étant lors malades. Impossible par conséquent de retrouver leurs noms[1].

---

[1] D'après les dépositions de nombreux témoins de l'enquête dirigée en l'an III contre les terroristes d'Angers, c'est un sieur Nicolas, soldat de la 35ᵉ division de gendarmerie, spécialement attaché à la Commission Félix, qui venait chercher dans les prisons les femmes désignées pour la fusillade, auxquelles il en ajoutait souvent d'autres, soit de son autorité privée, soit qu'il eût reçu des ordres de la Commission.

Les noms de beaucoup de femmes, interrogées et notées comme ayant obtenu des sursis ne se trouvent plus portés sur les procès-verbaux d'interrogatoires postérieurs en date. Mais comme à cette

Prisons Nationales (f° 23), 18 pluviôse. — Fusillade du 22 [1].

FEMMES

1 Catherine Duverdier, 35 ans, ex-noble, de Saint-Pierre de Chemillé, arrêtée au Longeron.
2 Marie Duverdier, 28 ans, sœur de la précédente [2].
3 Louise-Marguerite Bessé de la Voûte, 71 ans, ex-noble, née à Saint-Mars-des-Prés, près Montaigu, domiciliée de Tiffauges.
4 Louise Poirier, femme de Jacques Barré, 37 ans, née au Longeron.
5 Marie Fonteneau, 37 ans, née à Torfou, femme de Charles Moreau, sabotier au Longeron.
6 Marianne Auchard du Bois, fille, née à Jallais, domiciliée à Tiffauges, fille de compagnie de Mlle Thibault la Pinière.
7 Jeanne Maurille, 48 ans, née à Jallais, femme de Jean Barbot, métayer.
8 Marie Lhumeau, âgée de 62 ans, née à Jallais, femme de Mathurin Maurille, métayer à Saint-Pierre de Chemillé.
9 Françoise Fonteneau, fille, âgée de 21 ans, née à Torfou, domestique au Longeron chez les filles Verdier de la Sorinière.
10 Madeleine Guéri, fille, 33 ans, née à Montaigu, femme de chambre de Mme de Chabot du Tréhan, au Longeron [3].
11 Suzanne Bénard, 37 ans, née aux Herbiers, veuve de Charles Grivel, cuisinière chez Mme de Chabot.

époque la mortalité était très grande dans les prisons, il est impossible de découvrir si ces détenues ont été fusillées ou si elles sont mortes de maladie.

[1] Les commissaires, nommés par arrêté du 17, sont : Hudoux, Vacheron et Gouppil, fils.

[2] Leur mère, Marie de la Dive, veuve Verdier de la Sorinière, ci-devant noble, née à Saint-Crespin, avait été condamnée et guillotinée le 7 pluviôse.

[3] Madame Charlotte du Tréhan, veuve de M. de Chabot, native de Montaigu, avait été guillotinée le 8 pluviôse.

HOMMES

13 René Mélivier, 24 ans, né à Chemillé, cordonnier.

14 Mathurin Bernier, 40 ans, né à Saint-Hilaire-des-Échaubroignes, tisserand.

15 Louis Piffard, 27 ans, né à Saint-Georges-du-Puy-de-la-Garde, tisserand.

16 Jean Babonneau, 52 ans, né au Louroux-Botreau, charretier.

17 François Pionneau, 62 ans, serger à Saint-Quentin-en-Mauges.

18 François Dutot, 22 ans, né à Cossé, près Chemillé, tisserand à Paimbœuf.

19 François Araudot, 58 ans, né à Faveraie, tisserand à Saint-Pierre de Chemillé.

20 François Hilaire, 40 ans, né à la Salle-de-Vihiers, fabricant de mouchoirs.

21 Bruneau Brégeon, 30 ans, né à Cossé-le-Vivien, tisserand.

22 Jean Grillié, 74 ans, né à Saint-Lézin, métayer.

23 Mathurin Chiron, 60 ans, né à Cholet, tisserand.

24 Mathurin Guinodeau, 63 ans, né à Cholet, tisserand.

25 Claude Thibault, 32 ans, né à Chateaupanne, sabotier rouleur.

26 Louis Vitet, 50 ans, né à Saint-Aubin-de-Baubigné, laboureur et domestique de La Rochejacquelein.

27 Pierre Richou, 30 ans, né à Chanzeaux, laboureur à Cossé.

28 Jacques Barré, 58 ans, né au Longeron, tisserand.

29 Jean Bréhéret, 40 ans, né au Pin-en-Mauges, journalier.

30 Pierre Cottenceau, 30 ans, né à Jallais, métayer à Saint-Lézin.

31 Toussaint Richard, 67 ans, né à Saint-Pierre de Chemillé, tisserand.

32 François Quétineau, 13 ans et demi, né à Maulévrier, mendiant [1].

33 Jean Cormier, 25 ans, né à Vertou, près Nantes, closier.

---

[1] « Son père, mort il y a neuf ans, était maçon. Arrêté chez sa « mère audit Maulévrier, a déclaré n'avoir aucun état, être mendiant, « détenu ici depuis huit jours. » En marge, « voir son interrogatoire « de Cholet, enfant de 13 ans, a été avec les brigands à trois attaques « et porté la cocarde blanche. »

34 René Bonnet, 30 ans, né à Vallet, près Nantes, journalier.

35 Jean Marchand, 38 ans, né à la Chapelle-Largeau, tailleur de pierres.

36 Michel Râteau, 34 ans, né au May, journalier à Cholet.

37 Jean-Baptiste Audoux, 38 ans, né à Maulévrier, boucher.

38 Grégoire Pineaux, 34 ans, né à Maulévrier, tisserand à Cholet.

39 Jean-Jacques Savattier, instituteur, 23 ans, né à Saumur[1].

40 Jean Placet, 34 ans, né au Louroux-Béconnais, domestique à Chalonnes.

41 Pierre Poreaux, 17 ans, né à Neuvy, cordonnier.

42 François Sellier, 26 ans, né à Saint-Georges, près Montaigu, maçon.

43 Pierre Courbet, 23 ans, de la Poitevinière.

44 Jacques Martin, 40 ans, de Beaulieu, près la Roche en Poitou, colporteur.

45 René Bourrigault, 26 ans, né à Sainte-Christine, serger.

46 François Cherbonnier, 33 ans, né à Mazières, charpentier.

47 Jacques Subileau, 32 ans, né à Saint-Pierre de Chemillé, fabricant de mouchoirs.

48 Jean Body, 25 ans, né à Cholet, marchand de mouchoirs.

49 Louis Retailleau, 40 ans, né à la Tessoualle, chirurgien.

50 Mathurin Bellion, 20 ans, pêcheur à Varades.

51 Henri Coudrain, 16 ans, né à Chartres, demeurant à Bressuire.

52 Urbain Jolivet, 26 ans, de Sainte-Christine, tisserand.

53 François Dixneuf, 26 ans, né à Saint-Christophe, laboureur.

54 Jacques Friou, 33 ans.

55 Jacques Morinière, 58 ans, de la Poitevinière.

56 Pierre Loiseau, 30 ans, de Vezins, journalier à Saint-Léger-du-May.

57 Simon Martin, 17 ans, né à Épiré, domicilié à Saint-Laud.

58 René Toulevy, 38 ans, né à Chaudron, journalier à Sainte-Christine.

60 Mathurin Champalu, 32 ans, charpentier, de Mozé.

---

[1] Précepteur chez Mme Bernard de Danne, arrêté à Saint-Martin-du-Bois.

19 pluviôse.

64 Louis Rabin, 44 ans, marchand de bestiaux, de la Tour-landry.

65 Pierre Girard, 27 ans, né à Vallet, jardinier à Cholet.

68 Victor Stoudre, né à Volville, canton de Soleure, soldat déserteur.

70 Pierre Dessureau, 36 ans, laboureur de Neuvy.

71 Jean Brun, 40 ans, né à Saint-Macaire.

73 Charles Pichonnière, 23 ans, sous-diacre, de Saint-Pierre de Chemillé [1].

74 Auguste Poisson, 24 ans, né à Chaumont en Champagne, matelot.

75 Louis Pichonnière, 16 ans, né à Saint-Pierre de Chemillé.

77 Joseph Germain, 21 ans, né à Besmé, cuisinier de Lescure [2].

79 Louis Boiseu, 37 ans, né au Louroux-Béconnais, journalier à Loiré.

81 Étienne Flénol, 17 ans, né à Lévières, sabotier à Champtocé.

82 René Besnard, 26 ans, tisserand, de la Poitevinière.

83 René Gourdon, 21 ans, né à Cholet, boulanger.

84 Michel Lebêcheux, 51 ans, bêcheur, né à Saint-Jean-des-Mauvrets.

Noms des personnes envoyées à la Commission militaire séant à Angers sous la conduite du citoyen Pierre Bertin, lieutenant de la 36ᵉ division de gendarmerie [3].

Nous trouvons au milieu des cahiers d'interrogatoires des détenus d'Angers une liste (folio 66) de 38 individus, hommes et femmes, envoyés le 13 pluviôse an II par le

[1] Fils du notaire de Chemillé, ainsi que le numéro 75. Leur père fut interrogé lui-même quelques jours plus tard, le 23, son nom est noté d'un G.

[2] Il avait offert, à diverses reprises, de faire retrouver des trésors cachés en sa présence, si on lui laissait la vie.

[3] Cette pièce est signée de tous les membres du Comité révolutionnaire de Cholet, parmi lesquels le président, Auguste Cambon, frère du conventionnel de ce nom.

comité révolutionnaire de Cholet à la Commission militaire d'Angers. Les neuf premiers, qualifiés de *suspects*, furent peut-être épargnés, au moins provisoirement, sinon tous, du moins quelques-uns[1], mais les 29 autres, désignés comme *coupables*, furent vraisemblablement compris dans la fusillade du 22 pluviôse, sans nouvel interrogatoire, car on ne retrouve leurs noms sur aucune autre liste de date postérieure. Ce sont :

10 Jean Husseau, de Pouzauges.
11 Veuve Cheslet, des Gardes.
12 Jean Chevalier, de Cholet.
13 Jean Delahaye, de Trémentines.
14 Pierre Abellard, de Bellefontaine.
15 François Blot, de Cholet.
16 Jean Baron, de la Tessoualle.
17 Rose Rompillon, des Gardes.
18 Jean Bouju, de Cholet.
19 Pierre Brégeon, de Trémentines.
20 Marie Frouin, de Cholet.
21 Pierre Guitton, de Cholet.
22 Perrine Bourrasseau, de Mortagne.
23 Michel Aubron, de Cholet.
24 Jeanne Gasnier, de Coron.
25 René Charrier, de Cholet.
26 Suzanne Henriette de Villeneuve, de Luçon.
27 Femme Bruneau, de Maulévrier.
28 Marie-Anne Baudrier, femme Brémond, de Chanteloup.
29 Jeanne Gaudineau, de Coron.
30 Femme Charron, des Gardes.
31 Marie Rompillon, des Gardes.
32 Françoise Lerandeau, de Coron.

[1] On retrouve la femme Gillot de Chanteloup (n° 7), comprise dans le jugement du 26 germinal et la femme Brémond, de Cholet, Marie-Rose Chiron (n° 9), interrogée au Bon-Pasteur le 16 germinal.
Les autres personnes qualifiées *suspectes* sont : Charlotte Bruneau, des Gardes, femme Body, des Gardes, femme Pauvert, de Cholet, Charles Blot, du May, René Boutillier Saint-André, de Mortagne, Renée-Marguerite Joulain, femme du Tréhan, veuve Gennet, de Cholet.

33 François Bourcier, de Cholet.

34 Perrine Gourand, de la Tessoualle.

35 Joseph Chupin, de la Pépinière.

36 Pierre Vigneron, de la Tessoualle.

37 Louis Coursault, de la Tessoualle.

38 Pierre Marquet, des Herbiers [1].

Prisons de la Citadelle (f° 96), 21 pluviôse, en vertu d'un arrêté du 17 de ce mois [2] (en marge), fusillade du 22.

6 Pierre Briant, 20 ans, cordonnier, né au Bourg-d'Iré.

7 Louis Prézin, 28 ans, journalier, né à Cheffes.

8 Jean Pêcher, 24 ans, tisserand, né à Louvaines.

9 Jean Coëffard, 29 ans, de Belligné, tisserand à la Pouèze.

11 Mathurin Albert, 32 ans, né à Saint-Aubin-de-Luigné, fabricant de toiles.

12 François Delaunay, 37 ans, né à Saint-Aubin-de-Luigné, maréchal.

13 Constantin Brochard, 17 ans, né à Saint-Pierre-de-Chavagnes, près Montaigu, laboureur.

14 François Chevallier, 34 ans, né au Louroux-Béconnais, mineur à Montrelais.

15 René Landais, 65 ans, né à Cornillé, domestique.

16 René Ouvrard, 39 ans, né à Brain-sur-Longuenée, conducteur.

17 Claude Guillemet, 22 ans, né aux Aubiers, métayer.

18 François Godillon, 31 ans, né à Chanzeaux, marchand de blé.

19 Joseph Thierry, 25 ans, né à Saint-Simon.

20 François Dureau, né à Denée, pêcheur aux Jubeaux.

[1] Les quatre derniers ont été ajoutés le 13 pluviôse à la liste arrêtée d'abord le 12 et comprenant alors 34 noms seulement.

[2] D'après une déposition de François Buzot, concierge de la citadelle, faite au mois de brumaire an III devant le second comité Révolutionnaire d'Angers, et une dénonciation du citoyen Baigné, commandant dudit château, Vacheron était venu une première fois interroger les détenus de cette prison et en avait fait fusiller quarante-sept, parmi lesquels douze habitants de Chalonnes arrivés de la veille. Il n'existe pas de traces de ces interrogatoires.

21 François Lambert, 18 ans, né à Faveraie, demeurant au
Volde.

22 Mathurin Brisset, 31 ans, né à Saint-Florent-le-Vieil.

23 Michel Grolleau, 24 ans, né à la Plaine, domicilié à Vihiers.

24 François Cesbron, né à Denée, 21 ans.

25 Louis Nomballais, 35 ans, né à Cholet, fabricant de mouchoirs.

26 François Chevrier, né à Juigné, 22 ans.

27 Mathurin Blanvillain, 24 ans, né à Saint-Pierre de Chemillé.

28 Pierre Boussion, 40 ans, né à la Salle-de-Vihiers, domicilié
à Trémentines.

29 Charles Bellet, 40 ans, né à Martigné, de Trémentines.

30 Jean Daligon, 16 ans, né à Armaillé, laboureur au Bourg-
d'Iré.

31 Jean Riveron, 33 ans, né au Lion-d'Angers, laboureur.

32 Jean Bercher 50 ans, né à Chalonnes, marchand à Gonnord.

33 Pierre Moreau, 15 ans, né à la Chapelle-du-Genêt, tisserand.

34 André Lemeunier, 29 ans, né à Beaulieu, maçon.

35 Pierre Planchon, 27 ans, né à Saint-Maurille des Ponts-de-Cé.

36 Joseph Villeneuve, 50 ans, né à Cholet, maréchal aux Ponts-
de-Cé.

37 Pierre Latouche, 49 ans, né à Juigné-sur-Loire, pêcheur.

38 Pierre Brevet, 40 ans, né à Beausse, près Saint-Florent,
mercier.

39 Jean Cailleau, 48 ans, né à Juigné-sur-Loire, bêcheur.

40 André Bauchet, 16 ans, né à Saint-Maurille des Ponts-de-
Cé, bêcheur.

41 Jean Papin, 49 ans, né à Beausse, métayer.

42 Claude Harbelet, 35 ans, né à Champtoceaux, boucher.

43 André Gazeaux, 55 ans, né à Bourg, près Soulaire, métayer
à Botz.

44 Michel Gourdon, 45 ans, né à Sainte-Christine, métayer.

45 Pierre Gaurion, 46 ans, né à Saint-Jean-de-la-Croix, laboureur.

46 Philippe Laury, 62 ans, né à Saint-Florent, journalier.

47 René Toublanc, 38 ans, né à Champtoceaux, laboureur.

48 Laurent Pouzet, 61 ans, né à Douces, laboureur à Sainte-
Christine.

49 René Boivin, 50 ans, né à Saint-Macaire, tisserand à Neuvy.

51 Nicolas Rideau, 18 ans, journalier, de Saint-Maurille des
   Ponts-de-Cé.

52 René Léger, 65 ans, né à Saint-Maurille de Chalonnes,
   journalier.

53 Jean Pecussot, 22 ans, né à Sainte-Christine, laboureur.

54 Jean Landais, 65 ans, né à Saint-Maurille des Ponts-de-Cé.

55 François Auger, 53 ans, né à Chalonnes, laboureur.

56 Nicolas Rideau, 48 ans, né à Érigné, bêcheur aux Ponts-
   de-Cé.

57 Michel Davy, 48 ans, né à Saint-Aubin-de-Luigné, bêcheur
   à Chaudefonds.

58 Joseph Frémont, 39 ans, né à Chaudefonds, vigneron.

59 Pierre Marchais, 27 ans, né à la Pommeraie, bouvier.

60 Pierre Florent, 40 ans, né à Chaudefonds, laboureur.

61 Jean Boulétreau, 35 ans, né au Bourgneuf, métayer à la
   Pommeraie.

62 Jean Chiron, 46 ans, né à Saint-Aubin-de-Luigné, laboureur.

63 Jacques Pellé, 53 ans, né à Grésillé, bêcheur [1].

Jugement du 26 germinal an II.

1 Jacques Ménard, serger, 24 ans, de Neuvy.

2 Jean Grimault, meunier, 24 ans, de Saint-Quentin-en-
   Mauges.

3 Antoine Calabre, praticien, 20 ans, de Paris.

4 Joseph Martin, tisserand, 19 ans, d'Angers.

5 Jean Jeanneteau, bêcheur, 40 ans, du May.

6 Jean Mornet, tisserand, 42 ans, de Millet (Melay?).

7 Jean Gâté, maçon, 25 ans, de la Chapelle-Rousselin.

8 Louis Piton, métayer, 28 ans, de la Pommeraie.

9 Michel Boulitreau, vigneron, 52 ans, de Denée.

10 Michel Palicot, laboureur, 25 ans, d'Alexain (Mayenne).

11 Pierre Raimbault, tailleur de pierres, 21 ans, de Maulévrier.

12 René Meslet, cordonnier, 30 ans, de Sœurdres.

[1] Hudoux, Vacheron et Gouppil fils, commissaires.

13 Pierre Monchevalier, maçon, 25 ans, de Saint-Martin-du-Bois.

14 René Chesneau, laboureur, 28 ans, de Sœurdres.

15 Joseph Samson, laboureur, 30 ans, de Vauchrétien.

16 Pierre Berthelot, laboureur, âgé de 26 ans, de Cheffes.

17 Louis Villechien, laboureur, âgé de 18 ans, de Marigné.

18 Jacques Guerrier, laboureur, 23 ans, de Montreuil-Belfroy.

19 Maurille Guégnon, voiturier, 27 ans, de Saint-Maurille des Ponts-de-Cé.

20 Thomas Gaultier, domestique, 37 ans, de Saint-Gonnery (Morbihan).

21 François Bureau, métayer, 48 ans, de Montjean.

22 Julien Berthelot, métayer, 33 ans, du Marillais.

23 Pierre Delopinne, bêcheur, 60 ans, de Marigné.

24 René Girardeau, bêcheur, 47 ans, d'Angers.

25 Pierre Gaultier, tisserand, 39 ans, de Juigné-sur-Loire.

26 Germain Girardeau, bêcheur, 38 ans, de Juigné-sur-Loire.

27 René Granry, laboureur, 28 ans, de Juigné.

28 Julien Hamon, tisserand, 41 ans, de Juigné-sur-Loire.

29 Germain Albert, filassier, 54 ans, de Juigné.

30 René Papin, vigneron, 50 ans, de Rochefort.

31 René Dellaine, laboureur, 40 ans, du Marillais.

32 François Boussard marchand, 41 ans, de Rochefort.

33 Jacques Gasnier, bêcheur, 38 ans, de Grézillé.

34 René Fouchard, laboureur, âgé de 43 ans, de Chalonnes.

35 François Dupont, laboureur, 26 ans, de Pellouailles.

36 Nicolas Fléchel, tonnelier, 39 ans, de l'Hôtellerie-de-Flée.

37 Jean Guérinet, 30 ans, de Chalonnes.

38 Maurice Louetière, jardinier, 44 ans, d'Angers.

39 François Miaulet, tourneur, 35 ans, de Saint-Laurent-du-Mottay.

40 François Beaumier, métayer, 61 ans, de Saint-Laurent-de-la-Plaine.

41 Claude Couet, métayer, 62 ans, de Saint-Saturnin.

42 Pierre Gaignard, journalier, 52 ans, de Chaudefonds.

43 Jean Gabory, sabotier, 47 ans, de la Pommeraie.

44 Alexis Lépron, vigneron, 41 ans, de Soulaines.

45 François Cassin, tisserand, 26 ans, de Châtillon.

46 André Robergeau, tisserand, 38 ans, de Bressuire.

47 Joseph Auduit, journalier, 40 ans, de Maulévrier.

48 Jacques Chiron, clerc de notaire, 28 ans, du Marillais.

49 René Grolleau, tailleur, 38 ans, de Chalonnes.

50 Joseph Chollet, serger, 39 ans, du Pin-en-Mauges.

51 Joseph Pesche, 25 ans, de Prusse, chasseur.

52 Jean Humeau, meunier, 51 ans, de Saint-Lambert-du-Lattay.

53 Mathurin Thibault, laboureur, 20 ans, de Chemazé.

54 Jacques Moussel, métayer, 19 ans, des Aubiers.

55 Florent le Roux, laboureur, 40 ans, de Juigné-sur-Loire.

56 Jean Ménard, serger, 60 ans, d'Andigné.

57 Michel Gasnier, 69 ans, de Saint-Saturnin.

58 René Aileaume, couvreur, 38 ans, de Tiercé [1].

59 Anne Davouet, 59 ans, de Contigné.

60 Marie-Anne Letessier, veuve Taveau, 44 ans, de Saint-Laurent-de-la-Plaine.

61 Marie Lardeux, fille, 45 ans, chirurgienne à Freigné.

62 Perrine Poitier, veuve de René Turpault, de Cholet.

63 Jeanne Leduc, 40 ans, femme de Julien Paquier, de Chalonnes.

64 Marie Dubois, 60 ans, femme de Pierre Oger, de Chalonnes.

65 Mathurine Mercier, 45 ans, femme de Charles Blouin, de la Jumellière.

66 Perrine Allot, fille, 40 ans, de Chalonnes.

67 Madeleine Jallet, 40 ans, femme de Pierre Avare, de Sœurdres [2].

68 Renée Perrine Rigault, femme de Louis Papin, de Saint-Florent [3].

[1] Interrogatoires de la citadelle du 11 germinal et jours suivants, devant Lepetit, Obrumier fils et Legendre. Sur 336 détenus, 66 sont jugés par F. De ceux-ci, 58 sont compris dans ce jugement du 26 germinal. Les deux autres sont : 47, Pierre Poitevin, 27 ans, né à Saint-Saturnin, couvreur, arrêté de ce jour, mort, et 168, Maurice Lebécheur, de Saint-Saturnin, malade.
Les nos 11, 16, 17 et 20 des individus compris dans le jugement du 26 germinal avaient été déjà jugés par F une première fois le 21 pluviôse.

[2] Interrogatoires du Calvaire du 11 germinal ; 531 détenues, 35 F, dont 10 femmes comprises dans le jugement du 26 de ce mois et 7 religieuses condamnées à la déportation le 3 floréal.

[3] Interrogatoires du Bon-Pasteur ; 105 détenues, 19 F, dont 11 religieuses, condamnées à la déportation le 3 floréal. Une seule femme comprise dans le jugement du 26 germinal.

69 Jeanne Onillon, 43 ans, veuve de Louis Onillon, de Montjean.

70 Jeanne Gourdon, 60 ans, veuve de Jean Moreau, de Sainte-Christine.

71 Marie Rochard, 28 ans, de Montjean, domestique.

72 Renée Bourget, 44 ans, veuve de Jean Juret, de Montjean.

73 Perrine Bourigault, fille, 50 ans, de Montjean.

74 Marie Guiguenault, 54 ans, veuve de Sébastien Coueffard, de Montjean.

75 Marie Forestier, 25 ans, fille, de Montjean.

76 Jeanne Thomas, 70 ans, veuve Delaunay, de Montjean.

77 Renée Sachet, 40 ans, veuve de René David, de Botz.

78 Marie Roger, 67 ans, veuve de Joseph Chartier, de Montjean.

79 Louise Robin, fille, 53 ans, de Montjean.

80 Marguerite Robin, 68 ans, de Montjean.

81 Anne Cesbron, 60 ans, veuve de Jacques Raimbault, de Chalonnes.

82 Magdeleine Cady, 35 ans, femme de Jacques Desvignes, de Chalonnes.

83 Perrine Bourget, 70 ans, femme de Jean Oger, de Chalonnes.

84 Anne Maugrain, fille, 35 ans, de Rochefort.

85 Marie Culeau, 52 ans, femme de François Oger, de Chalonnes.

86 Julienne Robert, 57 ans, femme de Sébastien Robin, de Chalonnes.

87 Marie Théard, 52 ans, femme de Gilles Nazeau, de Chalonnes.

88 Marie Poitevin, fille, 45 ans, de Saint-Florent.

89 Marie Pion, 36 ans, femme Supiot, de Saint-Pierre-Mont-limart.

90 Perrine Laurent, dite Gourdinette, 48 ans, fille, de Segré.

91 Jeanne Bouleau, 45 ans, femme de Berthe, meunier, de Louvaines.

92 Angélique Péteul, dite Laneri, fille, 48 ans, du Bourg-d'Iré.

93 Françoise Suard, 64 ans, femme de Étienne Mesnard, de Marans.

94 Marthe Poulain-Forestrie, fille, 51 ans, d'Angers.

95 Geneviève Poulain-Forestrie, fille, 53 ans, d'Angers.

96 Renée Lamy, 47 ans, femme d'Auguste Bellard, du Lion-
d'Angers.

97 Marie Houdbert, 60 ans, veuve Chasserie, du Moulin-d'Ivré,
à Étriché.

98 Jeanne Bernard, 61 ans, femme de Claude Cormier, de
Saint-Sylvain.

99 François Michonneau, 54 ans, veuve de Jean Gillot, de
Chanteloup[1].

[1] Interrogatoires du Grand-Séminaire, 341 détenues, 86 F,
dont 30 femmes comprises dans ce jugement du 26 germinal.

TABLE DES MATIÈRES

Angers, imp. Germain et G. Grassin. — 834-93.

.

www.ingramcontent.com/pod-product-compliance
Lightning Source LLC
Chambersburg PA
CBHW051729090426
42738CB00010B/2172